# 中小学心理游戏设计与实操

杨敏毅 应晓菲 等◎著

长江出版传媒

长江文艺出版社

图书在版编目（CIP）数据

中小学心理游戏设计与实操 / 杨敏毅等著. —— 武汉：长江文艺出版社，2022.10（2023.5 重印）
（大教育书系）
ISBN 978-7-5702-2848-5

Ⅰ.①中… Ⅱ.①杨… Ⅲ.①中小学生－教育心理辅导 Ⅳ.①G448

中国版本图书馆 CIP 数据核字(2022)第 139886 号

中小学心理游戏设计与实操
ZHONGXIAOXUE XINLIYOUXI SHEJI YU SHICAO

责任编辑：李婉莹　　　　　　　　责任校对：毛季慧
封面设计：沐云 BOOK DESIGN　　　责任印制：邱　莉　杨　帆

出版：长江出版传媒　　长江文艺出版社
地址：武汉市雄楚大街 268 号　　邮编：430070
发行：长江文艺出版社
http://www.cjlap.com
印刷：武汉中科兴业印务有限公司

开本：710 毫米×970 毫米　1/16　　印张：14.25　　插页：1 页
版次：2022 年 10 月第 1 版　　　　2023 年 5 月第 2 次印刷
字数：248 千字

定价：42.00 元

版权所有，盗版必究（举报电话：027—87679308　87679310）
（图书出现印装问题，本社负责调换）

# 序

杨敏毅老师是我相识 26 年的老朋友。大约是在 1994 年下半年，杭州市教科所的黄淑贞老师组织了市县区 15 位对心理学怀有浓厚兴趣且志同道合的"同道"，一同赴上海去参加香港中文大学举办的心理辅导工作坊。大家来到约定地点城站广场集合，我与先到的几位朋友打招呼后，看到不远处站着一位亭亭玉立的年轻女教师，有人告诉我，她是杭师大附中的化学老师杨敏毅。

那时主动要求学习心理辅导的老师都是志愿者，"非科班出身"居多。我们这 15 个人算是起步比较早的，后来各自奋斗在杭州学校心理辅导界的不同岗位上，且都成了重要的专业骨干力量，而杨敏毅老师就是其中的一位佼佼者。她调到上海七宝中学工作后，在这个国际化的大城市里，吸纳了来自国内外丰富的心理辅导专业理论和技术，抱道藏器，勤于深耕，很快成长为全国著名的心理健康教育特级教师。特别是她多年术业专攻、卓尔超群的游戏辅导技术，无论是在上海学校辅导业内，还是在全国各地的培训班上，都得到了众口一词的好评。现在呈献在大家面前的这本新著《中小学心理游戏设计与实操》，就是她多年来心血累积并与一线新人共同合作的又一成果。

游戏是学生（包括成人）普遍喜欢的活动，关注和参与游戏是人的天性。有益的游戏能给人们带来快乐并让人们从中受到教育。游戏在日常生活中是一种常见行为，一种愉悦情境；而在学校团体辅导中，对学生的心智发展和自我统整的促进，其功效则更是毋庸置疑的。在团体中，游戏为学生提供了一种能够发展社交技能的练习情境以及促进自我觉察的认知训练信息，使学生人格特质的组合达到自动化。游戏创设了一种情境，它的功能恰恰在于可将情境组合成种种有意义的"产品",这是游戏在团体辅导中的独特与奥妙之处。而在这一领域的探索中,杨敏毅老师的贡献是有目共睹的。

这本新著的结构简洁明快。全书分为上中下三篇,分别是基础理论篇、活动体验篇和互动交流篇。主体部分"活动体验篇"中的62个游戏活动,全部为一线教师的原创成果。而每一个游戏活动的内容又分为"活动意图""活动准备""活动过程""带领经验"和"参与感悟",最后则是杨敏毅老师亲自撰写的"专家评析"。与其他众多游戏辅导书籍的不同之处,就在于这些"带领经验"与"参与感悟",都是出自一线辅导教师之手,且经过反复打磨,言之凿凿,"用"之切切;而杨敏毅老师最后的点评则起到了画龙点睛、一语收官的作用。我虽是粗略看下来,但已经可以预料,此书的出版一定会受到广大一线心理教师的热烈欢迎!

我与杨敏毅老师相识26年,真正见面的机会并不多,一般都是在学术会议或各地培训班上相遇,而且往往都是台上台下、脚前脚后,双手一握,不尽欲言便匆匆道别。唯有一次在昆明讲课,两人同是提前半天到达宾馆,共进晚餐之后,便相约一起上街散步。朦胧夜色之中,橙黄路灯之下,两位同道好友边走边聊,相谈甚欢,不知不觉便走了一个多小时。十多年转瞬即逝,我已两鬓斑白、"奔八"而去,杨老师也已退休数年,但我们依然是"同道",就如同当年在昆明的那个晚上,我们还在一起并肩前行一般。

所以,很高兴为她的新著作序。

钟志农<br>2021年国庆节于杭州

(钟志农,浙江省心理健康教育特级教师,全国著名心理教育专家。)

# 目 录 | CONTENTS

## ❀ 基础理论篇——心理游戏设计原理

### 一、心理游戏的理论支撑 / 3
  1　基本理念：积极心理学 / 3
  2　进程把握：群体动力学 / 4
  3　方式变革：体验式学习 / 6

### 二、心理游戏的应用梳理 / 8
  1　心理游戏多元的应用场景 / 8
  2　心理游戏多样的应用对象 / 12
  3　心理游戏多维的应用价值 / 16

### 三、心理游戏的设计要点 / 21
  1　心理游戏设计原则的把握 / 21
  2　心理游戏活动主题的确定 / 24
  3　心理游戏活动形式的选择 / 27
  4　心理游戏实施过程的预演 / 30

## ❀ 活动体验篇——心理游戏实操案例

### 一、小学生心理游戏篇 / 35
  游戏1　绘制友谊之花 / 36
  游戏2　名字的含义 / 38
  游戏3　独特的自己 / 41
  游戏4　特质大探索 / 43
  游戏5　家的泡泡图 / 45
  游戏6　神奇的手环 / 48

游戏 7　解读我的情绪 / 51
游戏 8　人际交往圈 / 54
游戏 9　超级比长短 / 57
游戏 10　种子变、变、变 / 60
游戏 11　共建我们的家 / 62
游戏 12　家庭自画像 / 65
游戏 13　彼此眼中的你 / 68
游戏 14　玩转情绪脸谱 / 71
游戏 15　提线双人舞 / 73
游戏 16　理想中的家 / 76
游戏 17　情绪万花筒 / 78
游戏 18　亲子十三哈 / 81
游戏 19　真心话＆大冒险 / 84
游戏 20　我能飞得更高 / 86

## 二、初中生心理游戏篇 / 90

游戏 1　拷贝不走神 / 91
游戏 2　"雷区"取水 / 93
游戏 3　卡片结缘 / 95
游戏 4　情绪四宫格 / 98
游戏 5　你我的距离 / 100
游戏 6　送给自己的话 / 103
游戏 7　友情说明书 / 106
游戏 8　专注力大比拼 / 108
游戏 9　自嘲我怕谁 / 111
游戏 10　不一样的树叶 / 114
游戏 11　性别猜猜 / 116
游戏 12　人生攀登图 / 118
游戏 13　秋的味道 / 120
游戏 14　心绘未来 / 124

游戏 15　测试记忆力 / 126

   游戏 16　明镜之台 / 129

   游戏 17　向梦想出发 / 132

   游戏 18　拼贴我自己 / 135

   游戏 19　夺取宝物 / 137

   游戏 20　组词多又新 / 139

三、高中生心理游戏篇 / 142

   游戏 1　火情逃生 / 143

   游戏 2　描绘未来之路 / 145

   游戏 3　优势在哪里 / 148

   游戏 4　智取文具盒 / 150

   游戏 5　梦想加油站 / 153

   游戏 6　智能擂台赛 / 155

   游戏 7　神奇的情绪圈 / 158

   游戏 8　心中的建筑 / 161

   游戏 9　模仿不 NG / 163

   游戏 10　亦真亦假 / 165

   游戏 11　盲过石墩桥 / 168

   游戏 12　串联人生 / 171

   游戏 13　大学连连看 / 173

   游戏 14　梦想彩绘 / 176

   游戏 15　人生连环画 / 179

   游戏 16　沙画心情 / 182

   游戏 17　职业大风暴 / 185

   游戏 18　动力气球 / 187

   游戏 19　生命倒计时 / 190

   游戏 20　心灵捕手 / 192

   游戏 21　命运卡牌 / 195

   游戏 22　生命的抉择 / 197

## ❀ 互动交流篇——心理游戏思考感悟

一、关于如何设计心理游戏的问答／203
二、关于如何操作心理游戏的问答／211

后　记／218

# 基础理论篇

## ——心理游戏设计原理

## 单元说明

心理游戏是团体心理辅导中比较常用的一种活动形式和载体，它依据个体的心理发展规律，通过游戏的形式，在轻松愉悦的团体氛围中调动参与者的情感体验，促进其个性塑造，加强其能力提升，拓展其社会技能，最终达到辅导的效果。心理游戏因形式有趣、内容丰富而深受学生喜爱，同时因寓教于乐的良好效果也倍受教育工作者青睐。

如何让设计出的心理游戏既有主题教育的丰富性，又有临场操作的指导性呢？本章我们将从心理游戏的理论支撑、应用梳理和设计要点三个方面展开。具体而言，主要包括：

1. 积极心理学理论作为心理游戏的基本理念，为其指明了总体方向，设定了基调，也提供了细化目标；群体动力学理论为把握心理游戏实施进程提供了保障；体验式学习理论助力心理游戏中参与者学习方式的转变。

2. 展现了心理游戏在宏观和微观层面的应用场景，从纵向、横向和关系维度说明了心理游戏多样的应用对象，同时分别阐释了给带领者和参与者带来的应用价值。

3. 从四个方面说明了心理游戏设计的要点：设计原则的把握、活动主题的确定、活动形式的选择、实施过程的预演。

# 一

# 心理游戏的理论支撑

　　心理游戏的设计离不开理论的支撑，我们将简要阐述相关的理论，并在此基础上说明理论给心理游戏设计带来的启发。具体包括三种：作为心理游戏的基本理念的积极心理学理论，保障心理游戏进程推进的群体动力学理论，给心理游戏中参与者的学习方式带来变革的体验式学习理论。对相关理论进行了解和认识，是从一定的高度出发，提供了全局性视角，为我们更好地去把握和掌控心理游戏的设计提供了方便。

## 1 基本理念：积极心理学

　　第二次世界大战后，由于心理问题的增加，传统心理学更多地聚焦在心理疾病治疗方面，出现了大量关于心理障碍、负性情绪和压力的负面影响等方面的研究。美国当代著名的心理学家马丁·塞里格曼等人注意到这一点，他们认为心理学不仅仅要对疾病、缺陷、损伤进行研究，也应关注如何使普通人生活得充实而有意义，关注人的潜能的培养和教育。因此，积极心理学作为心理学的一个分支，于20世纪末逐渐兴起。马丁·塞里格曼、谢尔顿、劳拉·金等人是积极心理学的研究者和倡导者，他们提出积极心理学的本质特点是致力于研究普通人的活力与美德的科学。

　　与传统心理学关注人的心理问题及致力于心理治疗相比，积极心理学倡导的是对人的积极品质（例如发展潜力和美德）等内容的研究，旨在激发每个人与生俱来的积极品质和内在力量。具体而言，积极心理学的主要研究内容包括：

一是积极的情绪体验。这是从主观层面展开的,强调个体对待过去、现在和将来的积极情绪和体验。在对待过去方面,主要研究满足、满意等体验;在对待现在方面,主要研究快乐、幸福等体验;在对待未来方面,主要研究希望、乐观等体验。其中,主观幸福感这一积极体验备受关注,有大量研究对不同群体的主观幸福感的现状、影响因素、提升方法等方面进行了探索。

二是积极的人格特质。这是从个人层面而言的,具体研究了24种积极人格特质,如创造力、好奇心、智慧、勇气、爱、善良、宽恕、美感、团队合作、乐观等。具备积极人格特质的人能更好地面对压力、逆境,有更强的社会适应能力。

三是积极的社会环境和组织。这是从群体层面出发的,主要研究公民美德和使个体成为具备美德的公民的社会组织。比如怎样建立积极的外部环境,包括社会、家庭和学校等系统,从而不仅促使人的潜力得到充分发挥,也使人感受到幸福。

积极心理学的研究丰富了团体心理辅导的支撑理论,两者在理念上有相同之处,关注的都是大多数的健康群体,重点都在于预防和发展。此外,两者都聚焦在个体积极心理品质的培养和开发上,积极心理学的研究有助于团体心理辅导目标的设定和任务的实现。

因此,作为团体心理辅导中常见活动形式的心理游戏也要汲取积极心理学的养分,要将积极心理学的基本理念和研究成果落实到心理游戏的设计中去。首先,积极心理学为心理游戏的设计指明了总体方向,即心理游戏指向的是参与者发展性的需求;其次,积极心理学为心理游戏的设计设定了基调,即心理游戏的目的在于为参与者创设增加积极体验和激发积极情绪的机会;最后,积极心理学为心理游戏的设计提供了细化目标,即心理游戏具体可以培养参与者哪些积极的人格特质。

## 2 进程把握:群体动力学

团体心理辅导是在团体情境中,通过人际交互作用,促使个体在关系中表达、体验和学习，促进其自我认知、关系改善、行为优化和潜能激发的活动。由此可知，团体心理辅导作为群体性的活动，其实施过程自然会涉及群体动力学的相关理论和研究。

群体动力学又称团体动力学，该理论希望通过对群体现象的动态分析发现群体的一般规律，主要研究群体的性质、群体形成与发展的规律、群体内部的人际关系、群体与个体的关系、群体间的关系、领导作用、群体行为等内容。最早使用"群体动力学"一词的是心理学家库尔特·勒温。勒温采用格式塔心理学的观点，他认为人就是一个"场"，人的心理现象具有空间属性，人的行为变化是在某一时间和空间内，受内外两种因素交互作用的结果。他用一个基本公式来表示：$B=f(P*E)$。其中 B 表示个人行为，f 表示某种函数关系，P 代表个人的内部需求，E 代表环境的刺激。

围绕群体动力学，勒温等人展开了一系列的实验研究。其中，他们对群体内聚力进行了相关研究，发现群体内聚力是群体对其成员、群体内部成员彼此之间的一种吸引力，这种力量对群体的活动有重要影响。具体而言，群体内聚力有助于群体成员形成一个高度整合的整体，指向共同的一个目标或愿景，而不是无法凝聚的一盘散沙；群体内聚力高的群体，成员之间彼此沟通顺畅，更倾向于合作，互相的积极评价较多，整体士气高昂，更易被激发热情。同时，研究者发现个人与群体的任务目标的结合度、群体的领导方式、群体内部的奖励方式、群体内的人际关系、群体成员的个性、群体规模等因素都会对群体内聚力产生影响。

有关团体气氛的实验研究表明，团体成员在不同团体气氛下的行为有很大差异。具体而言，民主团体中团体的结构更稳定，成员的积极性更高，对团体的满意度较高，成员之间更倾向于友好合作，团结一致解决问题；专制团体中的团体气氛会影响成员的主动性，成员对团体的满意度较低，成员之间会有较多的敌意，缺乏信任感，易出现互相攻击和推卸责任的情况；放任团体中的成员会表现出缺乏目标的特点，对团体也有较多的不满。

因此，在设计作为团体心理辅导中常见活动形式的心理游戏时，要充分遵循和应用群体动力学的理论，以保障心理游戏实际实施进程的有序推进。首先，要注意团体氛围的积极创设，如事先考虑带领者在游戏中以怎样的态度、方式、语言组织游戏，更利于形成民主的团体氛围；其次，要注重群体内聚力的有效激发，事先考虑影响群体内聚力的一些因素，如游戏的参与人数和规模设定、过程中的内部奖惩设置、团体的整体氛围与互动关系、游戏任务的分解到个人等；最后，要明了心理游戏进程中团体动力的动态变化，对游戏实施的"起——承——转——合"各个环节做到心中明晰，如清楚每个环节的具体任务、注意事项、转换衔接等。

## 3 方式变革：体验式学习

传统教育常采用单一的讲授形式，局限在教材、教室的范围内，倾向于信息的单方面传递，往往不能完全满足心理健康教育的实际需要，个体处于相对被动的学习方式，因缺少参与热情而难以被激起兴趣并投入其中。团体心理辅导作为心理健康教育的一种主要途径，其促进个体心理健康和成长的辅导目标的达成，主要是以活动为载体来实现的，它强调个体的参与、反思、分享、讨论、主动建构，采取的是一种有别于传统的体验式学习的方式。

体验式学习的概念最早可以追溯到美国教育家约翰·杜威提出的Learning by Doing（做中学）理论。20世纪80年代，美国社会心理学家大卫·库伯出版了《体验式学习：体验——学习发展的源泉》一书，在总结了约翰·杜威、库尔特·勒温和皮亚杰的经验学习模式的基础上，提出了体验式学习圈模型。该理论强调，学习者在学习中要有实际的体验，并经由对体验的反思、内省、观察与分享，深入转化、修正或整合，形成合乎逻辑的、有价值的观念，进而发展出解决实际问题的能力。体验式学习是一个连续的过程而不单是一个结果，学习者不是被动地接受、记忆，而是处于亲身实践、主动发展的状态。

体验式学习圈是一个完整的学习系统，由四个阶段组成。这四个阶段不是一个平面循环，而是一个螺旋上升的过程。

一是具体经验阶段。即以具体的情景演练或者游戏活动作为学习的起点，围绕活动目标，让参与者在其中充分体验活动带来的感受，提升自我的觉察力，为下一阶段的自我反思和在群体中的相互反馈提供依据。这个阶段的重点是促进参与者完全地、开放地、没有偏见地投入到实际体验活动之中。

二是反思观察阶段。反思需要结合之前的体验，可以是自己的反思，也可以是同伴给予的反馈。这需要一定的觉察能力，参与者要关注体验活动中的所见、所闻，包括对其中出现的行为、语言，甚至是内在情感、态度、价值取向有所觉察。这个阶段的重点是引导参与者从多个角度对体验活动进行观察与反思。

三是抽象概括阶段。这是一个归纳整合的过程，即将不同的反思作为经验进行有效的连接，并进行概括和总结。到此，参与者进入抽象思考的阶段，能在头脑中形成合乎逻辑的概念或理论，建立起自己的认知图谱。这个阶段的重点是提供信息，帮助参与者更好地对经验进行概括与归纳。

四是行动应用阶段。这是参与者将学习的成效运用于实际生活的阶段，包括将活动中取得的成功经验迁移到实际中以做出正确决策，也包括吸取活动中的失败教训，避免在类似的实际情境中出现同样错误，从而减少不必要的损失。这个阶段的重点是推动参与者将学习成果运用于实际生活和问题的解决。

因此，在设计作为团体心理辅导中常见活动形式的心理游戏时，要重点领会体验式学习这一理论，把握体验式学习的流程，以助力心理游戏实际实施中参与者学习方式的有效转变。首先，要考虑如何才能有效促进成员的积极参与，比如营造安全的游戏活动环境，有合理的成员分组、组内分工及角色分配，设计有吸引力的活动等；其次，要注重引导成员自我觉察，比如设计有针对性的提问，给成员带来启发和思考；再次，要帮助成员进行梳理整合，比如组织讨论与分享环节，关联各个小组的分享成果，提供相关知识信息等；最后，要推动成员的行为转化，比如采用集体演练、公开承诺等方式将从心理游戏活动中获得的认知、经验延伸应用到实际学习和生活中。

# 二

# 心理游戏的应用梳理

心理游戏的应用范围较为广泛，我们将结合一线教师在工作中应用心理游戏的实际案例展开说明，以便大家明了心理游戏在多种教育场景的具体应用、多样的应用对象以及给带领者和参与者带来的切实价值。相信这些认知能够坚定我们设计出适切的心理游戏的意愿，增添我们在心理游戏设计过程中跨越阻碍和迎接挑战的信心。

## 1 心理游戏多元的应用场景

**案例分享**

王敏霞（化名）是一名"90后"的初中心理教师，她性格活泼，外向开朗，积极上进，对自己的工作充满热情。她经常与区域内其他学校的心理老师交流，大家也都很喜欢这个充满活力的年轻女教师。小王老师从前辈们的经验中，获得了很多帮助与支持。一位在当地有一定影响力的心理老师，经过10余年的努力与坚持，让"同伴互助辅导"这一工作成为学校心理健康教育的特色品牌。小王老师特别佩服她，用心地记下了这位心理老师的建议：认真选取"一个抓手"，努力创造"一个特色"。

小王老师经过认真思考，结合自己的优势，决定将心理游戏作为学校心理健康教育的抓手。她先从最基本的做起，在每堂心理辅导活动课中，都设计一个与主题相关的心理游戏。她还利用学校学生社团活动申报的契机，开设了"心理游戏的体验与拓展"的社团选修课，深受同学们的喜爱。同时，她主动与德育处老师沟通，将本学年的"5.25"心理活动月的主题定为"心理游戏与心灵成长"，并主动承担了策划与组织工作。她积极借助外力，邀请其他学校的心理老师共同参与。她还主动与年轻的班主任们联合研究，在班会课中融合心理游戏的体验。学校正在申报以"构建学生心理资本"为主题的省级课题，鉴于小王老师努力探索的工作热情，决定将小王老师纳入课题成员之中。小王老师顺利地承担了"利用心理游戏，促进学生心理资本构建实践"的子课题研究，将自己的探索进行梳理，在课题研究的推进中逐步完善，形成了学校心理健康教育的特色。

楼佩丽（化名）是王敏霞的同事，两人同一年进入该学校，关系较好。楼老师看到小王老师组织的心理游戏，同学们参与热情高，分享表达积极，不禁冒出一个想法：借鉴心理游戏活动，提高思想品德课的教学效果。她的想法得到了小王老师的认同，两人一起查阅相关资料，梳理初一思想品德教材中与心理教育相通之处，比如入学适应、自我认知、情绪管理、挫折应对等，为心理游戏的运用提供了基础。最后两位老师商定，先在思想品德课的导入教学环节加入心理游戏活动体验，并评估其效果，然后在总结、反思的基础上进一步改进、提高。

### 案例点评

心理游戏因其趣味性和良好的教育效果，在学校心理健康教育活动中被广泛应用，在一线班主任的工作中较为常见，甚至在一些学科教学中也常常被用来提升教学效果。这个案例从宏观层面呈现了心理游戏在上述场景中的应用。

学校以团体方式开展心理健康教育活动的形式主要有心理辅导活动课、心理社团拓展活动、心理健康主题月活动等。可以将心理游戏与这些具体的活动形式相融合，成为一个特色，并进行深度挖掘，形成体系。例如可以结合学校实际和学生的年龄特点，选取如自我认知、人际关系、学业发展等方面的主题，开发以心理游戏为主的校本课程。在应用过程中要注意两点。一是要对心理游戏有合理认知。部分教师可能只看到心理游戏活动表面的趣味性而无法意识到心理游戏的教育价值，因此心理老师要加强理论宣传，做好实践经验的共享工作。二是要用结果说明心理游戏的实效。要通过实践结合教育科研，做得深入、细致、有体系，形成固化成果，从而获得更多的支持。

班主任需要建立并带领班级团队，需要注重对学生健全人格和健康心理品质的培养，这些离不开心理健康教育的基本知识和技能的支持，心理游戏便是其中之一。例如可以在班会课中运用心理游戏，开发"心理健康主题班会"课程。在班主任工作中应用心理游戏时要注意两点。一是要追踪效果。班主任在时间和空间上有更充足的条件，可以关注到心理游戏活动对学生在真实学习生活中产生的具体影响。二是要及时记录。班主任工作需要融入教育智慧，用文字记录下心理游戏使用的过程、状况、结果等，有利于及时总结和对效果进行反思，为今后的工作提供指导。

在学科教学中渗透心理游戏，有利于创设愉快的氛围，调动学生的自主性和参与热情，提升教学效果。例如在语文人物阅读教学中，可以结合课文内容设计角色扮演、情境模拟、生命线绘制、性格气泡图制作等心理游戏；在数学教学中，可以设计记忆大比拼、火眼金睛找不同、闯关晋级赛等心理游戏以增加趣味性。在学科教学中应用心理游戏时要注意：一是选择的心理游戏要服务于学科的教学目标；二是设计者要加强心理游戏的理论学习，注重自身协作能力的提升，以使这种跨学科应用收到效果。

## 案例分享

殷丽娜（化名）从事学校心理健康教育工作已经有8个年头了，她也从初出茅庐的教学新手逐渐成长为一名能站稳讲台的青年教师。特别是这几年，她开始有意识地抓住各类比赛的机会，主动为自己寻找锻炼和提升的空间。这学期，她报名参加了一个省级的课堂教学技能比赛，经历了课题选择、微课录制、投票选拔等环节，顺利地通过了初赛，成功进入决赛。决赛采用的形式是借班进行40分钟现场课堂教学，同时进行10分钟的专家提问答辩。

殷老师参赛的主题是"生涯榜样人物经历的解读与启示"，她引导学生借助"生命线"工具展开活动，按照"经历的梳理——深入地解读——

自我的审视"的逻辑设计课堂内容。思路已经理清了,但到具体组织课堂活动时,殷老师被如何设计暖身活动导入课题及激发学生的兴趣给难住了,她想过用音乐、用视频,但效果都不太理想。后来她从猜谜游戏中得到启发,设计了心理游戏"人物猜猜猜":老师逐一呈现某一人物经历的关键词,请学生分小组抢答,来猜这个人物的名字。实际尝试下来,这个心理游戏能快速吸引学生的注意,学生参与课堂活动的积极性被很好地调动了起来。

经过这次比赛课的准备,殷老师认为,对相关人物生涯发展历程的了解、对其关键经历的解读,不失为开展高中生涯教育的一种可行途径。于是,她在原有"人物猜猜猜"心理游戏的基础上,精心选取了科学、人文、艺术、企业等多个领域的代表人物,整理了他们的生平资料,借鉴卡牌游戏,制作出了人物经历关键词卡,设计了一堂心理游戏课——串联人生。课堂中,通过"抽一抽、画一画、排一排、读一读、连一连、说一说"多个环节,让学生感知到了个体真实生涯发展历程的丰富性,体悟到了每段生命经历的意义,产生了对人物进行深入了解的兴趣。

### 案例点评

一般而言,心理辅导活动课的微观发展进程大致可以分为"团体暖身阶段——团体转换阶段——团体工作阶段——团体结束阶段"。这个案例即是从微观层面呈现了心理游戏在课堂场景中的应用,让我们看到了一个心理游戏从作为导入的暖身活动到作为贯穿整节课的主题活动的转化。

团体暖身阶段的主要目的在于创设轻松愉悦的氛围,集中学生的注意力,调动学生参与课堂的兴趣和热情,增进师生、学生之间的信任感和凝聚力,为引入后续课堂活动做好铺垫和准备。暖身活动的形式是多样的,音乐、短视频、情景短剧等都可以。由于心理游戏操作方便,学生参与度高,成员间互动性强,易于调动学生的积极性,因此它在暖身阶段被使用的频率更高。在暖身阶段使用心理游戏时要注意两点。一是要避免简单重复,不要将一些心理游戏拿过来直接使用。要知道有些心理游戏,学生在小学或初中时就已体验过,若高中再原样采用,会让学生感觉到缺乏新意，那必然会影响体验效果。二是主题要适切，心理游戏要与本课的活动主题和目标保持一定的关联，以免影响整节课的连贯性和整体感。因此，在应用时要根据本节课的辅导主题和目标，结合具体情境，对心理游戏进行合理选择、适当改编或者自行另设计心理游戏。

将心理游戏作为主题活动是指将游戏作为整节心理课的主体贯穿课堂始终。心理游戏成了这节课的一个载体，借助参与者对心理游戏的充分体验和带领者的问题引导，整节课得以层层深入地推进。将心理游戏作为主题活动贯穿整节课时要注意以下两点：一是要加强活动组织，这节课不是任由学生随意玩耍的，而是有主题、有目标、有任务的，其推进过程要遵循心理辅导课的微观团体动力进程；二是要避免简单堆砌，要把握心理游戏环节的结构性，不要将几个心理游戏简单叠加，致使表面上看起来热闹，而实际上容易出现主题涣散、无法聚焦、思考不够深入的状况。因此，在应用时设计者需要更多地创新，对心理游戏进行整合设计，进一步丰富和拓展心理游戏的环节，使整个流程切合团体动力学的动态发展，使心理游戏的内容围绕主题和辅导目标层层推进。

## 2 心理游戏多样的应用对象

**案例分享**

黄斐（化名）担任小学某班的班主任，她要给学生们上一堂以"团结互助"为主题的班会课。她在课堂形式选择上进行了创新尝试，采用了"盲人越障"的心理游戏。学生们两两一组，一个扮演"盲人"，搀扶着"瘸子"；一个扮演"瘸子"，为"盲人"指路，一节课内共同经历了找座位、下楼梯、穿越障碍、重回教室等环节。最后，黄老师邀请学生们分享活动感受，大家纷纷举手发言。不用黄老师过多地说教，同学们已经从亲身体验中领悟了本节课的主题。

尹雅丽（化名）今年带初三毕业班，她发现班里有部分学生因两次模拟考试成绩不佳而对即将到来的中考产生了担忧和畏难情绪。她将心理游戏"盲人越障"进行改编后组织学生参与体验。一部分学生扮演"盲人",其他学生扮演"拐杖""布障者"。心理游戏分为两个环节,第一个环节是"盲人"在"拐杖"的帮助下跨越障碍前行,第二个环节是在"盲人"不知情的情况下,"布障者"将部分路障迅速移除,"盲人"独自前行。通过对比两次的体验,"盲人"们领悟到在面对未知时需要跳出原有的经验限制,跨越存在于自己心中的"障碍"。这一活动增强了部分学生挑战未知的勇气与信心。

叶玲灵(化名)是一名高中心理老师,这学期她带领了一个以"人际关系"为主题的团体辅导活动。其中一次讲"有效合作"的话题时,她设计了心理游戏"盲过石墩桥",设计的灵感正是来自心理游戏"盲人越障"。学生5人一个团队,有不同的角色分工,"盲人"需要在"解说员"的协助和"安保员"的保护下,踩着由"搭桥者"用小方凳搭建的石墩桥前行,中途不能掉落,游戏难度大增。游戏活动分两轮进行,每轮都设置了战术讨论环节,改变战术带来的结果变化有利于加深学生对有效合作的理解。

### 案例点评

"盲人越障"是一个业内人士耳熟能详的经典心理游戏,经常被许多老师直接使用或根据具体情境改编后使用。首先,从纵向维度看,上述案例呈现了这一心理游戏分别以小学、初中、高中三个年段的学生为对象展开的具体应用。小学生的抽象逻辑思维在很大程度上仍直接与感性经验相联系,具体形象性的成分很大。因此,设计小学阶段的心理游戏,在内容和操作上相对简单一些,更关注学生直观经验的获得。初中生感知觉和观察的目的性、概括性都有了提高,抽象逻辑思维逐渐处于优势地位,但还偏向经验型,有批判性但也容易产生表面性。因此,初中阶段的心理游戏设计可稍增加深度,引导学生由体验向抽象认知初步转化。高中生的感知觉和观察更富目的性和系统性,也更深刻和全面,其思维也呈现出更多的抽象概括、反省、辩证的特点。因此,高中阶段的心理游戏设计可加大难度,可拓展深度,提问和引导要更有指向性,思考和讨论也要更为深入。

其次,从横向维度看,上述案例中同一个心理游戏经过改编后,游戏活动指向的发展目标出现了一定的差异,分别侧重的是"互助""跨越内心限制""有效合作"。《中小学心理健康教育指导纲要》指出,心理健康教育的具体目标之一是"使学生学会学习和生活,正确认识自我,提高自主自助和自我教育能力,增强调控情绪、承受挫折、适应环境的能力,培养学生健全的人格和良好的个性心理品质"。因此,心理游戏可以分别应用于有上述不同发展目标需求的对象。

## 案例分享

岑静(化名)和方艳(化名)两位教师,是在"正面管教"培训班学习时结识的,两人都是二孩妈妈,家庭和职业角色的相似,让她们有了更多共同的交流话题。在培训结束后的实践阶段,岑静老师设计了一堂"认识情绪小怪兽"的探究课在班级中实施,她用绘本故事《情绪小怪兽》引入,结合正面管教中的情绪脸谱图,制作了情绪脸谱卡,设计了心理游戏"情绪消消乐",帮助学生认识、辨别情绪,最后引导学生在分组讨论中寻找管理好情绪的小技巧。看到整堂课生动活泼,学生的专注程度很高,她非常开心地与方艳老师分享课堂教学的体验。

方艳从岑静的分享中得到灵感,她在岑静老师心理游戏"情绪消消乐"的基础上,进行修改和补充,增加了"空白情绪卡"和"五官卡"等道具,加入了手工制作和真人模拟的形式,增加了"情绪找不同""情绪变一变"两个环节,设计出心理游戏"玩转情绪脸谱"。她把心理游戏用在了班级家长会中,邀请家长和孩子两人一组共同参与。这个游戏活动不仅增进了孩子对情绪的认知、辨别和调节能力,而且为家长和孩子创设了一个良好的亲子互动机会,让他们看到了与平时不同的彼此。家长们表示,能放下繁忙的工作和孩子一起通过心理游戏的形式在玩中学习,真的特别难得。同时,家长了解到孩子对情绪认知的水平及敏感度后,也意识到平时要注意自身情绪的管理,给孩子树立榜样。

**案例点评**

从关系维度看,上述案例呈现了心理游戏分别以同伴群体和亲子群体为对象展开的具体应用。心理游戏作为团体心理辅导的一种常见活动形式,其作用的发挥和辅导目标的达成离不开团体内的人际交互作用,可以说个体在心理游戏中的觉察、感悟、改善与发展基本都是在与团体成员的交往互动中发生的。对于学生而言,与同龄人或心理发展水平相当的个体之间因共同活动发展起来的同伴关系,在其成长过程中具有成人无法替代的价值。心理游戏应用于同伴群体,为个体提供了向同龄人学习的机会,有利于个体从中赢得同伴认同和情感支持;有利于其获取他人的反馈,促进自我认知;有利于提升其合作、解决问题的能力和社会化发展的程度。在设计应用于同伴群体的心理游戏时,要注意营造积极向上、互帮互助的氛围,在内容选取上要遵循学生的发展需求,给学生提供成长机会。

近几年来,家庭亲子教育的受关注度与日俱增,家长、学校、社会协同育人的诉求日益凸显。学校自然要通过家长会、家长学校等途径承担一定的家庭教育指导的责任。将心理游戏应用于亲子群体,有利于建立和谐的亲子关系——家长以参与者的角色进入心理游戏,跟孩子处于平等的地位;有利于增强亲子沟通的有效性,避免枯燥甚至是无效的说教;有利于提高陪伴的质量——心理游戏给双方都能带来乐趣,能加强亲子之间的情感联结;有利于启发孩子的智慧和提高家长的觉察力,培养双方积极的心理品质。在设计应用于亲子群体的心理游戏时,要注意创设亲子平等互动的氛围,突出亲子之间的相互配合,引导家长尊重和接纳孩子在心理游戏中的表现。

## 3 心理游戏多维的应用价值

**案例分享**

俞雪（化名）一头短发，显得干练，她个性沉稳，相对内敛，她上的心理课有清晰的课堂教学设计的逻辑，但主要是以她个人的讲述为主，再加上她本身的语言表达相对平淡，缺乏感染力，因此课堂氛围相对沉闷。虽然也有组织学生分组讨论的环节，但整个课堂的团体动力稍显不足，能感觉到学生的主动投入度随着课程的推进反而减少了。总的来说，她的课"波澜不惊"，似乎缺少一些心理活动课的味道。她曾经参加过一次市里组织的心理健康优质课比赛，只拿了一个三等奖，这也让她备受打击。她因此感到很苦恼，甚至一度觉得自己的个性不适合当心理老师，也上不出出彩的心理课。

在一次教研活动中，她听到一位老师在分享中强调，心理活动课要有活动、有体验、有生成，那位老师还特别举例了心理游戏的应用。她开始尝试着在自己的教学中模仿着进行运用。在一节关于生命教育的主题课中，她运用了心理游戏"不一样的树叶"，让学生随机选取一片树叶并观察，然后混合树叶，重新从一堆树叶中找回原先这一片。有了这个游戏活动过程，学生很容易体验到树叶独一无二的特点。俞老师再发挥她的逻辑优势，引导学生分析使树叶形成独特性的影响因素。学生有了从心理游戏体验中获得的经验做基础，参与讨论的热情明显提高了，课堂的活力与氛围被带动起来，更多的学生愿意主动分享。俞老师明显感觉到这堂课"活"起来了。

**案例点评**

对带领者而言，心理游戏应用于课堂教学的主要价值在于促进课堂教学效果的提升和教学目标的达成。这一价值的实现主要是由于教师采用心理游戏改变了教学方式，从而带来学习者学习方式的变革。传统的教学方式主要以教师讲授为主，比较依赖教师个人讲课的语言表达力和感染力，学生则处于相对被动的状态，教学内容以知识传递为主，缺乏将外部知识进行转化的条件。心理游戏的应用对课堂教学效果的提升作用主要体现在以下几个方面：一是增加了课堂内容的吸引力，提高了学生参与的主动性，发挥了他们的主体作用，例如在导入环节增加心理游戏互动，更容易激发学生的参与兴趣；二是知识借由体验得到内化，更易与原有认知结构融合，例如心理游戏创设的情境可以带给学生直接经验；三是更多的练习机会可以促进行动，让学生将知识转化为技能，从而应用于实际问题的解决，例如心理游戏中常有角色扮演、情境模拟等练习。

这样的价值不仅存在于心理健康活动课中，在班会课抑或其他学科教学中也是同样存在的。此外，带领者也可跳出课堂，将其拓展到其他应用场景中，进一步将心理游戏的应用发展成为自己的一种教学特色或个人专长。要发挥心理游戏对于带领者的价值，应注意以下两点：一是带领者的角色定位要转变，要从原来的主导者变为心理游戏活动的组织者、学生参与的促进者和体验分享的引导者；二是带领者的能力要提升，心理游戏的应用更偏向于"生成"而非"预设"，这对带领者的能力提出了更高的要求，如更需要具备对活动过程的控场能力、对生成内容的整合能力、对突发情况的处理能力等。

## 案例分享

为加强校园文化建设，丰富学生的学习生活，促进学生的健康成长，在校团委的号召下，苗芬芬（化名）老师组建了"心成长"心理社团。在社员招募会现场，作为学校的新兴社团，心理社受到了同学们的追捧，不到一节课的时间，社员报名就满额了。同学们的热情给苗老师带来了激励，她内心暗暗决定，一定要认真带领好心理社，让社团学生真正有所收获和成长。

第一次活动，她设计了心理游戏"卡片结缘"，采用"卡片"这个媒介寻找有缘人，给团体内的成员创造相识的契机，在不断分组并寻找相似点的过程中，培养学生主动交往的能力。苗老师观察到，为了快速完成小组任务，有些同学表现得明显比平时积极主动，小敏同学便是其中之一。小敏同学平时看起来是比较内向的，不敢表现自己，而在心理游戏中，她想着要突破自己，改变旧有的状态，尝试新的可能。当看到小敏同学为主动找到有缘人而脸上露出笑容时，苗老师特地邀请她来分享感受，给她肯定和鼓励的回应。

临近期中考试，苗老师发现同学们的情绪有点波动，表现出一定的压力。针对这一普遍情况，她在社团活动中运用了心理游戏"情绪四宫格"，引导学生将考前情绪具体化：用涂鸦的方式在第一格呈现；然后在第二格画出情绪带来的影响；在第三格由同伴们填上调整的建议或方法，并通过叙述和感知获取能量；在第四格画上情绪变化的画面；最后全体一起升华赋能。苗老师观察到小冬同学在心理游戏的过程中长长地吁了口气。经过进一步了解，原来小冬同学感觉这个心理游戏像是给他提供了一个宣泄口，让他把这几天积压着的紧张情绪全都释放在纸上了。而且他发现考前并不是只有他一个人在焦虑时，便松了一口气，同学们的建议更是让他感受到了满满的支持。

经过几次心理游戏的带领，同学们的反响都不错，这也给苗老师增添了信心。社团结束前的一次活动，她大胆尝试了心理游戏"雷区取水"。虽然这个心理游戏在户外进行，准备起来要考虑更多的因素，现场组织的难度也更大，但这次心理游戏给同学们留下了深刻印象，苗老师也收获了成就感，感觉自己的辛苦付出都是值得的。在心理游戏过程中，苗老师观察到在组内成员相继被击中出局后，小强同学一次又一次勇敢地冲进"雷区"取水，最终他们小组赢得了成功。在分享环节，苗老师特地描述了观察到的情况，引导小强同学分享当时的想法和感受。小强表示自己身手敏捷，在看到其他人被"雷"击中后，他应该主动担起主力的责任，为团队做贡献。

**案例点评**

对于参与者而言，心理游戏的主要价值在于通过心理游戏塑造积极的心理品质，促进个性、能力、情绪情感、社会技能等方面的发展。可以从四个方面具体来看。一是认知提升方面，包括与学习相关的记忆、想象、思维等认知能力，如心理游戏"测试记忆力""组词多又新"即是对参与者的记忆力、发散思维能力的训练；还包括与自我相关的认知能力，如心理游戏"优势在哪里"即是引导参与者意识到自身的优势并全面评价自己，心理游戏"智能擂台赛"即是引导参与者了解自己的智能特点并在实践中提升之。二是情绪管理方面，包括对情绪的认识、识别和调控的能力，即了解与情绪相关的基本内容，感知和觉察具体的情绪，学会调控情绪的具体方法。如心理游戏"玩转情绪脸谱"侧重对情绪的认识和识别，而心理游戏"神奇的情绪圈"侧重对情绪的识别与调节方法的探讨。三是意志品质方面，包括自控力、抗挫折能力、毅力、心理弹性等积极品质，如心理游戏"自嘲我怕谁"旨在通过幽默的表达，提升参与者面对自我不足时的心理弹性。四是社会行为方面，包括团队协作、人际沟通、竞争合作等社会技能，如心理游戏"盲过石墩桥""心中的建筑"都采用分组游戏的形式，创设了组内合作、组间竞争的氛围，有利于参与者的团队协作与人际沟通能力的提升。

我们可以发现有些心理游戏的价值指向是比较单一的，比如案例中的心理游戏"卡片结缘"，对于参与者而言，其主要的价值是培养人际交往中的主动性。而有些心理游戏的价值指向是综合的，比如案例中的心理游戏"雷区取水"，对于参与者而言，既培养了其团队合作精神，又激发了其勇于承担的责任心，还锻炼了其敏捷的运动能力和机智的头脑。要发挥心理游戏对参与者的价值，应注意三点。一是要考虑参与者的普遍情况，即要对具体学情有所了解，比如参与者的年龄、心理发展状况、发展任务、共同面临的挑战等。案例中的心理游戏"情绪四宫格"就抓住了学生考前普遍存在的情绪压力，为学生提供了宣泄途径和方法支持。二是要包容参与者的个体差异，即要敏锐洞察心理游戏中不同学生的具体情况，比如参与者在个性特点、成长经历等方面的不同造成其在心理游戏过程中呈现出不同的表现，特别是要对一些敏感、回避的个体予以关注。案例中的心理游戏"卡片结缘"中的小敏同学就是在勇敢尝试突破内向的个体，要对其予以特别肯定。三是要帮助参与者明晰心理游戏的目标方向，即要在设计分享、交流等环节将参与者在心理游戏过程中的具体体验、收获、感悟展现出来，要借助提问、引导等方式将这些东西进行总结、提炼，使得参与者清楚心理游戏的目标指向。比如带领者要就自己观察到的参与者的表现进行引导提问，以便参与者更好地感知心理游戏的辅导目标。

# 三

# 心理游戏的设计要点

为了更有效地发挥心理游戏在提升学生积极心理品质方面的作用,在心理游戏的设计过程中,有必要对游戏设计时需要切实考虑的一些要素做进一步的梳理。我们将结合案例对心理游戏的设计要点进行阐述,主要包括以下四个:心理游戏设计原则的把握、活动主题的确定、活动形式的选择、实施过程的预演。对这些设计要点的了解,可以让我们对心理游戏的设计思路有整体的认知,从而提升自身的心理游戏设计能力,创造出更多优秀的作品。

## 1 心理游戏设计原则的把握

**案例分享**

每年的 5 月是郭晓新(化名)一年中工作最为忙碌的月份,她要独自策划和推进面向学校各年段的"5.25"心理健康月活动,还要与学校德育处、教务处等部门协调以加强活动的宣传力度,通过班主任组织学生积极报名,培训心理社团成员以协助大家有序开展活动。这一次的心理健康月延续了历年的一些比较受欢迎的活动,如心理健康知识竞赛、心理趣味测试、心灵涂鸦、心理漫画展、心理健康主题手抄报比赛等。同时,郭老师新策划了一次现场心理游戏体验活动,其中心理游戏"心中的建筑"的参与人数最多。

郭老师表示这个心理游戏的设计灵感来自"纸牌屋搭建",她对其进行了改编。游戏要求学生利用分发到的纸巾、吸管、回形针、剪刀等工具，通过小组沟通合作搭建一个创意建筑作品，给作品命名并介绍作品内涵；然后各小组互评，选出最佳作品。最后各组讨论，总结搭建过程中的活动感悟。这个心理游戏的辅导目标是在搭建过程中激发参与者的想象力和创造力，增强学生的动手能力、合作意识和挑战困难的毅力。"搭建"这一既需要动脑思考又需要动手操作的方式增加了心理游戏的趣味性。同时，心理游戏中组内成员之间的交流、最佳作品评选环节的小组互评、分享和交流环节的讨论发言等方式增进了参与者之间的互动。整个游戏活动过程营造出了较好的沉浸式互动的氛围。

**案例点评**

设计原则是进行心理游戏设计时的一个总体导向，指明了如何设计出有趣又有料的心理游戏的总体方向，也可以作为对心理游戏的优劣进行评价的维度。据此可以对自己设计的心理游戏进行检验，并在此基础上进一步调整优化。设计的原则总体而言有以下三个方面：发展性的目标、趣味性的创设和互动性的体验。

首先，心理游戏指向发展性的目标。心理游戏不是单纯出于好玩，仅仅追求参与者的开心，与其他游戏相比明显的差异是，心理游戏是有目的性的，是为了给参与者的成长和发展带来裨益的。心理游戏的目的性是指借助游戏活动这一载体来达成心理辅导的具体目标，即心理游戏的设计构思、形式选择和具体实施等都是围绕辅导目标展开的。关于这一点，在心理游戏的设计过程中容易出现的误区主要有：一是辅导目标模糊不聚焦，有可能是因为设计者表述不清晰，也有可能是因为设计者自己没有理清活动的意图；二是游戏形式与辅导目标主次不分，只注重形式的标新立异，而忘却目标才是第一位的，从而导致场面热闹但辅导效果不佳；三是活动内容与辅导目标脱离，就像写文章偏离了中心意旨，文不对题，自然无法达到既定的辅导效果。

同时，基于心理游戏设计的理论基础之一的积极心理学的基本理念，心理游戏的辅导目标是指向发展性的。即心理游戏通过促进参与者健全人格和良好个性的养成，提升其情绪调控、人际协调和社会适应能力，进一步挖掘其智力潜能，从而满足参与者各个阶段的需求，使得其具备有效的能力、行为和策略以应对自身成长过程中可能会遇到的生活与学习、人际与适应、自我认知等方面的问题、冲突或挑战。因此，心理游戏的设计，特别是辅导目标的确立需要重点关注参与者的发展性需求。

其次，心理游戏注重趣味性的创设。在心理健康教育活动中，青少年学生青睐心理游戏的很大原因即是心理游戏具备的趣味性。趣味性是指心理游戏借助情境、道具、活动形式等因素能给参与者带来有趣的体验感，从而激发其参与的热情和活力。爱玩是青少年学生的天性，如果心理游戏没有了趣味性，其吸引力将会大打折扣。

在设计心理游戏时如何创设趣味性呢？可以从五个方面入手。一是利用模拟情境，比如心理游戏"火情逃生"利用酒精灯、细口瓶、三脚架、系有细绳的巧克力这些器材，创设危急情境让参与者感受到竞争压力，同时这一情境设置也能使其意识到要成功脱险，关键在于合作共赢。二是借助角色扮演，比如心理游戏"盲过石墩桥"将参与者分成五人一组，由三名参与者分别扮演盲人、搭桥者、解说员，两名参与者扮演安保员角色，并在第二轮交换角色，以期促进参与者的换位思考和有效合作。三是营造竞争氛围，比如心理游戏"种子变变变"，是通过石头、剪刀、布的方式让参与者进行两两竞争，感受生命成长过程中的起伏与坎坷；又如心理游戏"职业大风暴"，采用的是小组竞赛的方式，在规定时间内，哪个小组联想到的职业多，哪个小组就可以获胜。四是采用多样道具，有些是将现成的物品进行活用，比如案例中的心理游戏"心中的建筑"，采用纸巾、吸管、回形针作为搭建建筑的材料；有些是自制道具，比如心理游戏"人生连环画"，根据舒伯的生涯发展阶段理论自制了"生涯阶段卡"。五是调动多元感官，比如心理游戏"秋的味道"引导参与者通过触觉、视觉、嗅觉等去感知树叶带给我们的启迪。除此之外，手工制作、材料搭建、身体运动等方式都能较好地调动参与者多元感官的投入。

最后，心理游戏强调互动性的体验。心理游戏是体验式的，主要是以活动为载体来达成辅导目标的，经验的获得、反思的产生、分享的进行以及讨论的推进都需要建立在活动带来的体验的基础上。有了实际体验，参与者可以联系自身而有话可说，不至于空讲道理。同时，依据团体动力学理论，心理游戏作为团体心理辅导的一种常见形式，游戏活动的开展是以团体而不是以个体的形式进行的，带领者与参与者、参与者与参与者之间不是相互孤立的，而是借助彼此的人际互动来实现体验的获得与深化，从而发生自我的觉察、关系的改善和行动的优化。这种互动性的体验除了发生在游戏带领者和参与者之间，还更多地体现在参与者与参与者之间呈现的分享与共创里，因为同伴的影响力可以带来语言、行为甚至是思维、态度方面的转变。

在设计心理游戏时如何增进互动性的体验呢？可以从三个方面入手。一是在活动环节，一般可以采用分组的形式，为了出色地完成任务，组内成员之间必然少不了交流、协商和互助，比如在心理游戏"梦想彩绘"的助力梦想环节，小组内部要对组员的梦想海报进行添画，表达对他人梦想的支持或表明可提供的帮助。二是在讨论环节，可以通过设置规则，鼓励参与者积极发言或提问互动，比如心理游戏"盲过石墩桥"，就如何完成过桥任务专门设置了两次战术研讨环节。三是在分享环节，可以通过积极、及时的反馈进行互动，比如案例中的心理游戏"心中的建筑"采用小组互评的形式评选出最佳作品，这增加了各组之间的互动体验。

## 2 心理游戏活动主题的确定

**案例分享**

邵奕君（化名）从事学校心理健康教育工作10多年，在教育科研这块做出了不少成绩，主持过多个省、市级的课题研究，并有课题获得市级教研成果一等奖。新高考改革以来，学校开始要求开设各种知识类、拓展类的选修课，邵老师也积极参与到校本选修课程的开发中，她确定的方向是"心理素质拓展游戏"课程的开发。

有了大致方向后，邵老师利用假期上网查阅资料，学习了相关理论，收集了大量的心理游戏并按主题进行了初步分类。同时，她也购买了相关专业书籍进行自主学习，从书中选择了她认为适合本校学生的部分心理游戏主题。为了保证开发的课程的实用性，邵老师又进一步从各个渠道了解了学生的成长需求。她分别针对学生、教师和家长编制了相应的调查问卷，随机选择了高一年级的4个班，由班主任组织分发、填写和收集问卷。邵老师将收集的问卷进行处理，发现学生的需求主要集中在情绪调节、人际交往、挫折应对、自我认知和未来发展等方面。将这个调查结果与之前查阅的资料、阅读的书籍结合后，邵老师最终确定了校本课程的心理游戏活动主题。活动主题主要分三块：一是生涯规划篇，涉及自我认知和未来规划；二是人际沟通篇，涵盖朋友之间、亲子之间的人际关系；三是压力应对篇，包括情绪、压力、挫折、意志力等方面。

## 案例点评

　　心理游戏的活动主题为具体的游戏内容设计提供了细化方向，心理游戏的活动主题主要聚焦于学生成长过程中的发展性需求，指向积极心理品质的塑造和社会情感技能的培养。具体而言，心理游戏的活动主题可以有环境适应类、人际交往类、竞争合作类、情绪压力类、学习指导类、意志责任类、创新实践类、自我意识类、生涯规划类、生命探索类。下面将就每个主题做简要说明。

　　环境适应类主题。如何快速适应新的学习、生活和人际环境，是学生在成长过程中的各个转换阶段必然需要面临的一个挑战。例如心理游戏"明镜之台"就是围绕"适应"主题针对初一学生设计的。

　　人际交往类主题。每一个人都有与他人建立联系并展开人际沟通和交流的需求，如何有效沟通、如何建立紧密联系、如何面对人际冲突等，与此相关的技巧和能力都是需要学习的。例如心理游戏"人际交往圈""卡片结缘"等就是围绕这一主题设计的。

　　竞争合作类主题。竞争与合作共存是当前社会的常态，参与者需要学习如何正确对待竞争以发挥其促进能力提升的作用，也需要学习如何增强合作意识并开展有效合作以实现共赢。例如心理游戏"火情逃生""盲过石墩桥"等就是围绕这一主题设计的。

情绪压力类主题。对于学生而言，学业、人际、家庭等因素引发的情绪和压力是常见的困扰之一。这就需要他们学习并掌握一些有效的情绪认知与调节及压力管理的技巧。例如心理游戏"情绪四宫格""神奇的情绪圈""沙画心情"等就是从这一主题出发设计的。

学习指导类主题。学习是学生的主要任务，培养或提升学生的专注力、记忆力、想象力、思维力等与学习相关的能力是非常必要的。例如心理游戏"组词多又新""测试记忆力"就是指向这些能力的训练的。

意志责任类主题。意志是一个人内在的精神力量，是一种坚持不懈克服困难的品质，较强的意志力可以促进目标任务的达成。责任感是一个人未来立足社会的基础，主动承担责任需要个人的勇气与智慧。心理游戏"动力气球""雷区取水"等就是从这一主题出发设计的。

创新实践类主题。未来社会必将是充满变化和挑战的，而创新是社会进步和发展的不竭动力。这就需要有意识地激发参与者的创新意识，培养其创新能力，为其未来的长远发展奠基。心理游戏"心中的建筑""智取文具盒"等就是围绕这一主题设计的。

自我意识类主题。自我意识是一个人对自己的认知和评价，促进参与者自我意识的发展，增进他们对自身独特性、优势等方面的认知，培养他们的自信心，对其未来发展至关重要。心理游戏"超级比长短""拼贴我自己"等都是从这一主题出发设计的。

生涯规划类主题。对未来充满向往与期待，同时又伴随迷茫和未知是青少年学生的特点之一。这一主题主要涉及对自我的兴趣、性格、能力等的认知，对外部世界如大学、专业、职业信息的探索和生涯决策等方面的内容。例如心理游戏"心绘未来""梦想加油站""智能擂台赛""大学连连看"等都属于这一主题。

生命探索类主题。生命是从出生到死亡的整个过程，对生命本身的认识，对生命经历的感知，对生命价值的理解，能促使参与者珍惜生命、尊重生命并发挥生命的价值。例如心理游戏"不一样的树叶""生命倒计时"

等即是在这一主题框架下展开的。

我们可以发现，有些主题之间的区分是比较明显的，而有些主题之间是会有一些交叉的。虽然有交叉，但侧重点会不同，如生涯规划类中也有与自我认知相关的内容，但其主要涉及对自身独特的个性、兴趣、能力、价值观等的探索。在设计心理游戏时如何确定心理游戏的活动主题呢？可以从以下三个方面入手进行整合：一是梳理相关理论，从理论出发了解学生发展的阶段特征与任务，以此来确定活动主题；二是参考专家观点，借鉴前人的研究和经验，以此来确定活动主题；三是调查学生需求，根据实际的需求筛选并确定活动主题。

## 3 心理游戏活动形式的选择

**案例分享**

杨阳（化名）在学校开展生涯教育已经有多年的经历。接触生涯教育以来，杨阳逐渐发现生涯教育在引导学生认识自己、探索世界并学习如何决策和进行自我管理方面很有意义。同时，通过深入地学习，她自身的生涯意识、主动发展的意愿和自我管理的能力也得到了提升。她积极调动身边可利用的资源，在学校里开展了一系列的生涯教育活动，如联合德育处、团委举办"生涯嘉年华"活动，利用暑期社会实践开展"生涯影子""职业人物访谈"活动。这些活动受到了学生们的欢迎，得到了同事们的认可。

此外，她还开发了系列生涯教育的校本课程。其中关于外部世界的探索模块中有一节内容涉及对大学的认知，主要包括让学生了解大学的层次、特色、所处地域、优势专业、历史沿革等内容。这节课最早采用的是讲授介绍的方式，学生反馈，虽然信息有用但比较枯燥。第二轮上课的时候，她安排学生分小组去查询相关大学信息并进行课堂展示，又发现这样做比较耗时，学生的时间成本较大。她一直想着如何才能让这节课知识性与趣味性并存，以学生喜闻乐见的方式进行。她从游戏"水果连连看"中获得灵感，设计了心理游戏"大学连连看"，制作了大学卡牌和规则卡牌，让学生分成小组按抽取到的规则卡牌的要求用大学卡牌进行"连连看"比赛。这一形式有趣味性、有竞争氛围，又包含了大学信息，学生们很乐于参与。

### 案例点评

  心理游戏的活动形式是该游戏的辅导目标得以达成的具体手段，采用恰当的活动形式不仅有利于提高参与者的积极性，也有利于达成更有效的辅导效果。心理游戏的活动形式是多种多样的，具体而言主要有小组竞赛、绘画表达、手工制作、书写记录、情境模拟、角色扮演、想象引导、卡牌游戏等。下面将就每个活动形式做简要说明。

  小组竞赛形式。这一形式通过制定规则让参与者分组进行比拼，借由竞争氛围的营造激发参与者的热情。这一形式的关键是规则要明晰，评判标准要统一，要关注活动过程中的公平。例如在心理游戏"雷区取水"中，评判规则是在既定时间内取水最多的小组胜出。

  绘画表达形式。绘画能反映出参与者内心的想法、情绪或需求，是一种非语言的表达方式。这种表达方式更加形象，同时在绘画过程中参与者如何对色彩做出选择，如何对画面进行结构布局等又独具个性。例如心理游戏"绘制友谊之花"，就是用绘画的方式引导小学生梳理交友现状，学会珍惜友谊。

  手工制作形式。手工制作既动手又动脑，利用材料进行操作的过程不仅锻炼了参与者的动手能力、观察能力、想象能力，还能培养他们的耐心、细心、合作等品质。同时，制作的作品在一定程度上也会反映其内心的想法和感受。例如在心理游戏"共建我们的家"中，由亲子一起用纸箱来建造、装饰出心中的家，考验了参与者的动手能力和沟通能力。

  书写记录形式。参与者将内心的想法、情绪、经历等用看得见的文字形式进行记录，可以写自己的梦想，写自己的优势，写对他人的祝福，等等。用文字书写本身就带有力量，它让人静心、促人思考、使人觉察。例如心理游戏"名字的含义",就是通过名字故事的书写探寻名字的含义,增进参与者彼此间的了解。

情境模拟形式。通过设置模拟的情境让参与者深入其中,感知到该情境带来的相应体验,并经由应对这一情境中设置的问题或挑战而获得启发和成长。这一形式的优势在于能给参与者带来沉浸式的体验,在采用时要注意让情境设置尽量贴合心理游戏主题并围绕辅导目标。例如心理游戏"火情逃生",即采用了这一形式。

角色扮演形式。角色扮演能让参与者更好地进入角色状态,设身处地地感知这一角色在游戏中的所做、所思和所悟,从而更好地反观自己。在采用这一形式时,角色设置要合理,要关注角色的多元性,特别是在一些合作类主题中要注意角色的任务分工。例如心理游戏"梦想加油站"就设置了自己、旁观者、重要他人、榜样、摄像机、未来的自己六个角色,让参与者从多个维度面对自己拥有的梦想。

想象引导形式。这一形式通过营造相对安静的氛围,借助带领者的指导语,引导参与者进入放松的状态,围绕主题展开想象,它可以调动参与者内在的觉察。在采用这一形式时需要注意对环境的控制和指导语的适当表达。例如在心理游戏"梦想彩绘"中,探寻梦想环节就采用了这一形式。

卡牌游戏形式。卡牌游戏属于桌面游戏的一种。借助卡牌这个具象的道具,参与者可以按照一定的规则进行抽取、配对、接龙、比较、记忆等操作。卡牌会被随机打乱,这会给参与者带来一些变化和惊喜,丰富参与者的体验。例如心理游戏"命运卡牌",就是让参与者在不同条件下对价值观卡牌进行取舍,引导其探索自身的价值观取向。

对于一个具体的心理游戏而言,有些在设计时只采用了一种活动形式,而有些则是同时采用几种活动形式进行有机的结合。比如案例中的心理游戏"大学连连看"就将卡牌游戏和小组竞赛两种形式进行了结合。又如心理游戏"心绘未来",则将想象引导与绘画表达这两种形式结合在了一起。在选择具体的心理游戏的活动形式时,需要关注以下三对关系:一是心理游戏的活动形式与活动主题的关系,形式是服务于主题的,要选择与主题适配的形式，不能一味追求形式的吸引力而忽略主题；二是心理游戏的活动形式与辅导目标的关系，形式不能大于目标，形式的选择是为了更好地达成目标，要避免出现喧宾夺主的情况；三是心理游戏的活动形式与具体实施的关系，形式往往会受到实际的实施条件的影响，比如受到场地的限制，一些剧烈的、强度大的小组竞赛形式就不太适合在空间有限的室内开展。

## 4 心理游戏实施过程的预演

**案例分享**

朱莉莉（化名）是一位年轻的心理老师，她乐于学习，易于接受新事物。近几年她开始关注生涯教育，她发现这对于激发学生的学习内动力有一定的效果，能改善学生的迷茫处境，帮他们树立目标。她积极将生涯教育运用到心理课中。她设计了一个"向梦想出发"的心理游戏，让学生书写自己的梦想，并通过跨越障碍感受寻找梦想的不易以及坚持的意义，发现在寻找梦想的路途上他人对自己产生的影响。

设计完成后，朱老师用桌子、椅子、书本、绳子等方便获得的道具作为障碍，在心理活动教室中进行了布置。可在实施过程中却遇到了一些事先没有想到的状况。教室空间不够大，无法容许各组同时进行游戏体验，最后只好大家排队轮流进行，导致一节课的时间明显不够用。桌子、椅子、绳子作为道具虽然方便，但存在安全隐患，学生在游戏过程中被蒙住眼睛后就容易磕碰到或者被绊倒。有了这一次的经验，朱老师对心理游戏设计进行了优化，她将场地改为学校的小操场，这样就有了足够的空间让学生分组进行游戏体验，学生从而有充分的时间进行体验后的讨论与分享。同时，她将道具换成了橡皮筋绳、泡沫垫、交通锥、球类等，大大提高了安全性。

**案例点评**

　　心理游戏实施过程的预演是游戏得以顺利开展的有力保障，设置合理、氛围融洽、进展流畅的过程不仅能提升参与者的体验感，也有利于辅导目标的达成。因此，在设计心理游戏时，对心理游戏实施的过程要事先进行预演，这种预演可以是设计者在头脑内部进行的，比如针对其中一些必要的准备、容易忽略的细节和可能出现的突发情况提前考虑；有条件的话，最好能进行心理游戏的试带实践，即可以在小范围内尝试带领一下整个活动，这样可以从中发现问题，及时进行调整和优化。就像很多老师在上公开课前会有磨课的经历，一节好课的诞生离不开老师的反复推敲和修改。一个好的心理游戏也需要经过不断打磨，才能做到主题更贴合参与者的需求，目标更清晰明确，形式更恰当适宜，流程更顺畅合理，从而使辅导的效果更大化，参与者的收获也更多。案例中的心理游戏"向梦想出发"经过实践暴露出问题，设计者及时对场地和道具进行了优化，保证了参与者进行体验和分享的空间与时间。以下具体从实施过程的准备阶段和进行阶段两方面进行说明。

　　准备阶段主要要考虑场地选择这一因素，要根据心理游戏的活动主题和形式确定选择室内还是室外。一般我们选择室内场地的情况较多，但一些活动强度大、活动范围大的心理游戏则比较适合在室外进行。还要考虑参与人数与场地容量大小的关系，保证让参与者有足够的活动空间，避免过分拥挤带来的不适。另外，场地的安全性是至关重要的一点，特别是户外场地，最好能事先进行现场勘察，评估是否存在发生意外的风险。同时，如何布置场地内部环境也是一个要注意的细节，如场地的光线、通风等条件是否适宜，桌椅的摆放形式是否适合活动进行，装饰性材料是否能营造与心理游戏相关的融洽氛围。最后，道具的准备也要考虑，首先要保证数量上的充足到位，不能出错；其次，若出现道具种类比较多的情况，要注意仔细清点检查，避免遗漏；再次，要注意在使用道具的过程中的安全性问题。

　　进行阶段需要事先准备一些突发情况的处理预案。具体而言，在心理游戏的体验环节，可能会出现参与者热情不高的情况，需要考虑如何引导并调动他们的积极性，甚至要考虑是否有备选的游戏方案或形式。还有一种情况是体验环节的现场气氛过于活跃，特别是在室外场地时，带领者需要提前评估自己的控场能力，避免出现无法掌控的情况。在心理游戏的讨论环节，可能会出现讨论脱离主题或者不深入等情况，带领者需提早准备好一些引导性的问题以备不时之需。更有甚者，可能会出现参与者之间互相起哄、恶作剧的情况，带领者要想好相关的应对之策，以便随机应变。另外，在一些采用了小组竞赛形式的心理游戏中，很容易发生团队间的冲突；在一些自我认知主题的心理游戏中，可能会出现个别参与者不愿分享或表达的情况；在一些团队合作主题的心理游戏中，可能会遇到个别参与者不能融入集体的情况，这些都需要设计者提前考虑。最后，要重点考虑心理游戏的安全问题，提前排除隐患，想好应对的方案。

总体而言，心理游戏的设计要以原则为导向，根据参与者的发展任务和需求来选择主题，采用恰当的形式，对具体实施过程做充分准备甚至是尝试。在一定程度上，心理游戏的设计不是一步到位的，它是一个需要不断地进行动态调整、改进和优化以渐臻完善的过程。这一过程也是心理游戏设计者的成长历程，包括专业方面的成长，设计者会对心理游戏相关的理论、价值、要点等方面认识得更加深入；也包括个人内在的丰盈，设计者会体验灵感和创意带来的兴奋，会体验瓶颈期的煎熬，也会有突破后的欣喜，更会有发自内心的对自身心理游戏设计能力的肯定。

# 活动体验篇

——心理游戏实操案例

## 单元说明

在基础理论篇中，我们介绍了心理游戏的相关理论，阐明了心理游戏广泛的应用场景、多样的应用对象和多维的应用价值。同时，我们也对心理游戏设计的原则、主题、形式、实施等要素做了详细说明。但具体到某个心理游戏，其设计又是如何呈现的呢？本书的活动体验篇即以心理游戏的实操案例为主题，向大家展现各个心理游戏丰富而翔实的设计内容。主要包括以下四个方面：

1. 从数量上看，62个原创心理游戏，根据活动适应的对象，分布在小学生、初中生、高中生和小学生的家庭四个群体之中。

2. 从结构上看，62个原创心理游戏，展示了活动意图、活动准备、活动过程、带领经验、参与感悟、专家评析六个环节。

3. 从主题上看，62个原创心理游戏，涵盖了学生成长中涉及的环境适应、自我意识、人际交往、竞争合作、情绪压力、学习指导、意志责任、创新实践、生涯规划、生命探索等十大主题。

4. 从形式上看，62个原创心理游戏，采用了小组竞赛、绘画表达、手工制作、书写记录、情境模拟、角色扮演、想象引导、卡牌游戏等多种活动形式。

# 一

# 小学生心理游戏篇

小学阶段是从儿童到青少年的成长关键期，其思维发展水平处于具体形象思维向抽象思维过渡的时期。本阶段的孩子有着强烈的活动需求，包括对游戏活动的需求和对运动活动的需求，因此游戏辅导的形式颇受孩子的欢迎。本阶段的孩子面对的主要心理冲突是能力与自卑。帮助学生更客观全面地评价自己并肯定自己，对其自信心的培养具有非常重大的意义。同时，小学生情绪不稳定，且控制力不强，需要引导其更好地调节情绪。而交往需要也是小学生最基本的社会需要，但由于他们缺乏社会交往经验，经常会遇到很多难以解决的矛盾，加上多媒体电子化时代让孩子的人际交往机会大大减少，因此，有必要通过游戏活动让孩子们学习与人相处的方法，提高与人相处的能力。在小学生中也常常出现过度依赖父母，缺乏交往边界意识，缺乏亲子沟通技巧等现象，所以亲子心理游戏辅导在这个阶段很有必要。

因此，基于小学生的心理发展特点，本篇重点呈现的游戏主题为自我意识、情绪压力、人际交往（包括亲子互动）等，以便帮助学生更好地应对这些问题。

在实际操作中，我们要注意的是：活动规则尽量浅显易懂、简洁明了，符合小学生的思维发展特点；活动形式尽量丰富有趣，能提高学生参与的积极性与热情；活动中的引导与启发难度要适中，让学生在寓教于乐中有所收获和成长。

## 游戏1　绘制友谊之花

### 活动意图

在心理游戏"绘制友谊之花"中，让学生通过梳理自己的交友现状，回忆与朋友之间发生的事情，明白友谊在自己生活中的重要性；让学生在分享中思考如何维护自己的友谊，从而明白友谊是需要用心经营的。

### 活动准备

1. 本活动适合在室内进行。
2. 分给学生每人一张彩色贴纸、一把剪刀、一盒彩笔；准备一张友谊树墙贴，张贴在黑板上。
3. 本游戏适合在小学生活动中进行。

### 活动过程

将全体学生进行分组，每4人为一组。

1. 提问："如果把友谊比作一朵花，你的友谊之花是什么样子的？"请学生用花蕊代表自己，用花瓣代表朋友，在彩纸上画出各自的友谊之花。在花的中间写上自己的名字，在花瓣上依次写下好朋友的名字。

2. 提问："如果让你用一种颜色来形容你的朋友，那会是什么颜色呢？"请选择相应的颜色涂在好朋友名字所在的花瓣上。

3. 小组分享："为什么你会用这个颜色来形容你的朋友？"

4. 请学生选择其中一个好朋友，跟大家具体分享一下他（她）的哪件事情给自己留下了深刻的印象，他（她）对自己有什么影响。

5. 全班展示：学生展示友谊之花并用一句话形容自己的友谊之花。

6. 请学生将彩色贴纸上的友谊之花按照花的形状剪下来，有序地张贴在班级的友谊树上，让大家一起来欣赏友谊之花。

7. 请学生欣赏班级友谊树并思考：要想友谊之树常青，友谊之花常开，我们需要做些什么？

### 带领经验

本心理游戏为原创作品，属于人际交往类主题，采用了绘画表达的游戏形式。创作灵感来自表达性艺术治疗之绘画疗法。游戏通过绘制友谊之花，让学生对自己的好朋友进行了梳理；再通过选颜色和小组分享，让学生深入了解了自己朋友的特点，知道了朋友对于自己的意义；最后通过全班展示，让学生体会了拥有友谊的快乐。

在游戏带领过程中，请注意以下几点：

1. 活动虽采用绘画的形式，但对学生的美术基础没有要求。带领者要做出说明：大家可以随心绘制，对绘画作品不做好坏评价。

2. 出于对交友隐私的保护，在分享环节，如果有学生不愿意做集体分享，带领者要尊重他们的选择。

3. 在花瓣上写好朋友的名字时，学生根据与朋友互动的真实情况，可以写朋友的学名，也可以写小名或昵称。

4. 本游戏最后要求将友谊之花张贴在友谊树上，学生需要离开座位在班级走动，因此带领者要注意维护现场秩序，引导学生按小组排队张贴，避免出现拥堵无序的情况。

### 参与感悟

● 一开始我不知道该怎么画友谊之花，担心自己画得不好被别人笑话。后来老师说不用在意画得好看不好看，只要用心去画就可以了，于是我画了一朵向日葵，在上面画了许多花瓣，代表我有很多好朋友。在用颜色形容朋友时，我发现每个朋友都独具特色，所以，我画的向日葵是五颜六色的。友谊对我来说，就像阳光对向日葵一样重要。这个活动让我明白，朋友在我的生活中原来是那么重要。

● 当我们剪友谊之花准备张贴的时候，我发现组里的同学都非常小心，生怕把自己的花剪坏了。听着他们的分享，看着张贴在友谊树上的友谊之花，我忽然明白了：友谊其实需要我们用心去呵护，只有拿出真心、爱心去浇灌，友谊之树才会常青，友谊之花才会越开越灿烂。

**专家评析**

心理游戏"绘制友谊之花"重在"画"。让学生随心所"画"，将自己与朋友之间的故事以线条、颜色的形式呈现在纸上，这符合小学生的年龄特点和表达习惯。

用"花"和"树"两个载体使抽象的友谊具体化，增加了游戏的生动性和趣味性。画的过程也是一个反思的过程：帮助学生梳理自己目前的交友现状，引导学生思考友谊对于自己的意义。绘画作品的分享与展示更是一个反思的过程：让学生思考如何维护自己的友谊，同时集合同伴的智慧，使学生明白友谊是需要用心经营的。

## 游戏2 名字的含义

**活动意图**

在心理游戏"名字的含义"中，让学生从名字入手，通过名字故事的书写与讲述，初步探寻自己名字的意义，从而加强对自我的认识；并在同伴互助与名字故事分享的过程中加强同学间的了解。

**活动准备**

1. 本活动适合在室内进行。
2. 准备名字故事空白分享卡，每人一张。
3. 本游戏适合在小学生活动中进行。

**活动过程**

1. 带领者随机点一位同学的名字，被点到名字的同学不用回应，与这位同学同组的几个同学请起立,并大声回答"到"。

2. 请刚才被点到的同学再随机点一个其他同学的名字,被点到同学的同组成员按照上面的方式回应。要求每个人点的名字不能重复,直到所有人的名字都被点到为止。

3. 提问:"每个人的名字或多或少都寄予了亲人对我们的期望,在与名字相伴的过程中,我们也有了自己的解读。你的名字是怎么来的呢?它有什么含义呢?请在名字故事分享卡上写一写你的名字故事。"

(1) 我的名字:_____;

(2) 我名字的由来:_____;

(3) 我名字的含义:_____。

4. 组内分享:组员依次分享各自的名字故事。

5. 全班分享:采用接力分享的形式在全班进行名字故事分享。

(1) 一位同学先自愿上台分享,分享完后由这位同学抽取一个最想知道的名字故事,进行下一轮分享,以此类推。若被选中的同学不知道自己的名字故事,那么全班同学可以一起帮忙试着解读一下他的名字。

(2) 提问:"听了这么多的名字故事后,你印象最深刻的是什么?你有什么想法?"

## 带领经验

本游戏为原创作品,属于自我意识类主题,采用了书写记录、接力分享的游戏形式。创作灵感来自经典问答之"我是谁"。在"我是谁"的问答中,名字是必然会出现的一个回答。名字使用频率最高但又最容易被忽视,涉及探讨名字的心理游戏很多,单独探讨名字的心理游戏却很少见。本游戏设计了"花样点名"和"名字故事"两个环节,以"花样点名"这一暖身活动引出主题,再自然过渡到"名字故事"环节,最后在分享环节采用接力分享的形式,使学生能在愉快的氛围中真诚分享,在分享中探讨名字的含义,从而增进自我了解和对同伴的了解。

在游戏带领过程中,请注意以下几点:

1. 在书写名字故事的时候,如果参与者不知道自己名字的由来,这一栏可以不用写，带领者可以根据学生的实际情况做相应调整。

2. 当有学生解读"我的名字"的含义有困难时，他可以邀请其他同学帮助解读。带领者事先要向学生说明：解读要客观、全面，避免出现人身攻击的情况。

3. 本游戏在分享环节采用的是接力分享的形式，由学生自己指定分享的人选，这使得活动更具趣味性，但是随机性也更强。因此带领者要有一定的控场能力，避免学生瞎起哄。

### 参与感悟

● 从有记忆开始，名字就一直伴随着我，而我对于自己的名字起先是不太喜欢的，因为我叫周莹，"莹"与"赢"同音，听起来像自己一直想要赢一样，让我觉得很有压力。为此我也曾问过爸爸妈妈，为什么要给我起这个名字。他们说"莹"字分解开是家中宝玉的意思，他们觉得我是他们的宝贝。从那个时候开始，我就慢慢喜欢自己的名字了，因为我知道这个名字寄托了父母满满的爱。今天可以和全班同学分享我的名字故事，我感觉很开心！

● 我们组的俊豪同学说，他的名字是父母随便起的，他觉得自己的名字很普通，实在想不出有什么含义。老师于是提议大家帮俊豪一起来讲述他的名字故事。小宇同学说"俊"字代表英俊，"豪"代表豪气、大方，而俊豪给大家的感觉就是一个阳光大方的男孩。澄澄说"豪"也可以解释为自豪，运动会上为班级争光的俊豪就是我们全班的"自豪"，相信俊豪的父母肯定也希望俊豪成为家里的"自豪"。听了大家的解读以后，俊豪笑了，他说没想到这么平凡的名字原来可以有这么多美好的寓意。

### 专家评析

"名字的含义"包含了"名字"与"含义"两层意思，本游戏围绕这两个关键词设计了两个环节，环环相扣，极具完整性。游戏没有一上来就探讨名字的含义，而是先以花样点名入手，顺利引出每个人的名字，通过创新点名的方式让每个名字都被看见与重视，让每个参与者都感受到尊重；再以书写记录和接力分享的形式引导学生分享自己的名字故事，让他们在愉快的游戏氛围中思索名字的含义，增强自我认识，在互助与分享中加深对同伴的了解。

## 游戏3 独特的自己

**活动意图**

在"独特的自己"这一心理游戏中，让学生通过敲击染色的方式，认识到每一片叶子都是独一无二的；让学生制作独具特色的作品，代表独特的自己，从而进一步接纳与认可自我，挖掘自己身上的闪光点。

**活动准备**

1. 本活动适合在室内进行。
2. 准备白棉布、新鲜蓼蓝叶、花瓣、小榔头、塑料膜若干。
3. 本游戏适合在小学生活动中进行。

**活动过程**

1. 带领者介绍敲击染色的原理和制作方法：放蓼蓝叶于白棉布上，在其上蒙覆透明塑料膜，均匀敲击，敲至整片叶子变成深绿色，揭去塑料膜，待氧化后水洗，晾干即可。

2. 学生观察：摘取桌子上的蓼蓝叶，能否找出两片一样的叶子呢？学生纷纷发现无法找出，发现虽然同为蓼蓝叶，每一片叶子却都是独一无二的。

3. 学生制作出能够代表自己的作品：设计好由叶子、花瓣组成的作品图案，再根据敲击染色原理，完成作品制作。

4. 学生填写作品说明书，标明作品名称、制作过程和作品的独特之处。

**带领经验**

本心理游戏是原创作品，属于自我意识类主题。创作灵感来源于学校美术老师的草木染色课程。美术有很多能表现心理的形式，两者的结合可以碰撞出心灵的火花。本心理游戏主要通过对植物进行敲击染色，来探索与挖掘个人的特色。每个人都是独特的，要看到自己的特色，从而扬长避短，因势利导，真正接纳自我。

在游戏带领过程中，请注意以下几点：

1. 前期准备工作要到位，如果学生原先没有接触过敲击染色，带领者一定要把规则介绍清楚，并通过示范让学生掌握。可以与美术老师合作，让美术老师前期先对学生进行培训。

2. 完成作品制作不是最终目的，重点是挖掘学生在制作过程中的体验。可以这样提问："你在制作过程中遇到了哪些困难，是怎么克服的？克服过程带给你什么感受？"

3. 务必让学生开展与作品之间的对话，为作品填写说明书，取一个名称，介绍制作过程和独特之处。再让学生将自己的作品与同学的作品建立联结，挖掘两者之间有什么相似和不同之处。

**参与感悟**

● 这个活动不但考验我们的动手能力，同时也引导我们深入认识自己的独特性，这种形式非常有吸引力。原来每一片叶子都是不同的，而且能够用来染色。这些通过叶子和花瓣的组合制作出的作品，都各具特色，直观地呈现出每个人都是独特的这一理念，也促使我们认真地思考，如何发现自己的独特之处。

● 我们组的成员制作出的作品都不同。有个同学制作了一朵花，灿烂而美好。她表示这是一朵自己亲自一点一点敲击染色制成的花，是一朵独一无二的花；别人的作品再好，也没有自己亲自制作完成的这朵花有意义，她终于理解了做最好的自己是很有意义的追求。有个同学制作了小乌龟，他觉得乌龟的耐心和毅力是非常可贵的。他认为自己不是特别聪明灵敏的人，但只要勤奋努力和坚持不懈，就一定可以取得最后的成功。

**专家评析**

本心理游戏的特色在于学科融合、趣味性强、心理建设味浓。一是结合美育与心育两大学科特点：借助美育的表现形式，充分调动学生的动手能力；借助大自然每一片叶子都是独一无二的寓意，让学生敲击染色，创造出属于自己的独特作品。二是这样的活动形式非常符合小学生的心理特点，能引起其高度的参与兴趣。三是坚持让学生探索作品背后的意义，讨论作品的特点，介绍制作过程中的困难与克服之道，能让学生在反思中提升自我评价、自我认识、自我接纳的能力。

## 游戏 4　特质大探索

**活动意图**

在心理游戏"特质大探索"中，让学生用超轻黏土创造一个自己喜欢且能代表自己特质的具体形象——小 Q（可以是人、动物、植物或其他），挖掘这个具体形象有哪些特点，从而梳理出自己身上的特质，再根据同学的反馈与发现，更深一层地了解自我，发现自己身上的特质；最后通过强化对这个具体形象的喜爱，让学生进一步接纳自我、热爱自我。

**活动准备**

1. 本活动适合在室内进行。
2. 准备各种颜色的超轻黏土若干。
3. 本游戏适合在小学生活动中进行。

**活动过程**

将全体学生分为若干个小组，每组 6 人。

1. 引导小组成员思考："你最喜欢且能代表自己特质的形象是什么？可以是具体的某一个人、某一种动物、某一种植物、某一种花草，或者是其他东西。"请学生用超轻黏土把它制作出来。

2. 完成黏土制作后，小组集体讨论该形象具有哪些特质，思考该形象与自己所共有的特质。小组同学反馈，该同学还有哪些隐藏的特质？

3. 与该形象对视、对话："谢谢你，我真的很喜欢你，感谢你让我发现原来我有这么多的特点，谢谢你让我看到了自己的更多面。"引导学生进一步接纳、悦纳自我。

4. 提问："再仔细看看这个形象，如果可以调整，你觉得哪些是需要改进的？有什么具体的改进措施？"

### 带领经验

本心理游戏是原创作品，属于自我意识类主题。灵感来源于美术课的超轻黏土制作。超轻黏土制作的难度不大，可操作性强，是一种心理学表达性艺术治疗的方式，侧重于挖掘学生的特质。在有条件的情况下，可以和美术老师合作，让美术老师做好超轻黏土制作的技术指导，使课堂开展更有针对性，更深入挖掘所创造形象背后的特质。

在游戏带领过程中，请注意以下几点：

1. 在制作具体形象的过程中，一定要注意把握时间，要提前和学生明确制作的时限。此外还要明确制作的要求：并不要求学生做得有多精致，只要让该形象的一些具体特点有所表现即可，可以在交流时通过语言来补充说明。

2. 具体的引导非常重要，引导需要到位。可以这样提问："你创作的作品小Q代表什么？你看到自己创作的作品形象后有什么感觉？该作品有哪些特点，这些特点在你身上是否存在？该作品最能体现你的哪些特质，你觉得该特质给你的生活带来的最大影响是什么？你觉得你的特质中哪些是能帮助到你并值得发扬的？"

3. 与作品小Q的对视、对话，是活动升华的部分。一开始学生可能会觉得无法接受这样的语言，要通过多遍坚定的表达使学生慢慢理解这句话。

**参与感悟**

● 我第一时间想到的就是猫这种动物。猫给我的感觉是神秘、优雅、独立，通过这个活动我发现原来我喜欢猫是有原因的——我身上也有猫的属性。当同学告诉我猫身上还有爱干净、有想法、敏感性高、好奇心强等特点后，我发现这些特质确实也是我所具备的，好像对自己多了一份了解和认知，也对自己多了一份喜爱。

● 我们组的成员创作的作品各有特色，有兔子、猫、树、狗、老虎、鸟。阳阳同学制作的是兔子，其特点是敏捷、活泼、可爱。虽然她觉得自己好像没有和兔子一样的特质，但是我们小组的同学都认为她是具备这些特质的，尤其是她的体能很好，像兔子一样非常矫捷。

**专家评析**

心理游戏"特质大探索"的特色在于动手性强、适切性高、可调整性强。游戏有三个特点：一是超轻黏土的形式非常受小学生欢迎，非常符合其身心发展特点，可以让小学生充分参与整个过程；二是小学生正处于初步认识自我的阶段，通过自己喜欢的作品形象来挖掘自己身上的特质，这样的操作符合小学生的认知特点，比较容易达成游戏的目标；三是小学生的身心处于发展变化之中，可塑性较强，从他们对黏土作品形象的调整中能看出他们对自己未来的期许和想做的改变。

## 游戏5 家的泡泡图

**活动意图**

在心理游戏"家的泡泡图"中，让学生通过分享家庭中美好的时光，对家建立良好的感觉，激发他们的正向能量；让学生在活动体验中发掘自己对家的作用，激发他们挖掘积极力量为家做贡献的动力。

### 活动准备

1. 本活动要求场地空旷，方便随意进行自由活动。
2. 准备红、黄、蓝、绿、紫、橙、黑、棕等泡泡卡，大泡泡纸，蜡笔若干。
3. 本游戏适合在小学中、高年段学生活动中进行。

### 活动过程

1. 以15人小团体为例，所有人在场地中间围成一个圈。
2. 带领者讲解活动规则。活动开始后，所有学生在场地中间随意走动。带领者领唱："吹泡泡，吹泡泡，我们一起来吹泡泡。"学生回应："几色泡泡？"带领者随机反应，如"五色泡泡"。学生根据带领者的回答，快速组队，持有不同颜色泡泡卡的学生组成一队。学生在小组内根据带领者的提问进行一个话题分享。分享结束，学生继续在场内随意走动。带领者发起第二轮游戏，学生根据带领者的提示重新组队，分享下一个话题。最后进行团体分享：根据时间及人数，请部分学生交流对实现理想家庭状态有用的方法和可以努力的方向。
3. 根据游戏规则，全体成员开始活动。
4. 每轮活动分享的话题如下：

第一轮："说说家带给你最美好的体验是什么？"

第二轮："家总是带给我们很多美好的体验，让我们感觉到温暖、舒适、幸福。但有些时候，家也会带给我们一些让人觉得伤心、难过、失望、害怕的东西，那是什么样的时刻？"

第三轮："说一说你心目中理想的家是什么样子的。"

带领者给每组组员分发泡泡纸，每人一张。学生在纸的正中间用自己喜欢的颜色画上一个代表理想的家的大泡泡，把理想的家的样子画在大泡泡里面。

第四轮问题：（所有人围成一个大圈，思考）"每个人都是家的重要成员，有责任为这个家贡献自己的一份力量。你已经做了什么事对实现理想的家的状态是有帮助的？你还可以做些什么让家离理想的状态更近一步？在大泡泡周围画许多小泡泡，把这些方法都写在小泡泡里面，一个泡泡写一个方法。"

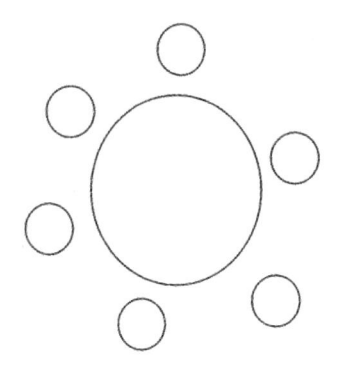

家的泡泡图示意

**带领经验**

本心理游戏为原创作品，属于人际交往类主题，创作灵感来自卖汤圆游戏。游戏主要采用了绘画表达的形式。当然，如果学生没有接触过绘画，也可以从纸笔练习开始。其中，根据时间需要和教师自身掌握的情况，画理想之家的样子的环节可以变成写一写。

在游戏带领过程中，请注意以下几点：

1. 分享时间根据人数确定，如3人一组，就分享3分钟。

2. 如果出现人数分组不均衡的情况，如总人数15人，分成4人组，则允许其中有一组是3人。在绘画环节要向学生强调不注重画技，只要能表达自己的想法，自己理解即可。

**参与感悟**

●游戏活动充满了趣味性，使我想到了自己小时候玩吹泡泡的时光。在画对家最美好的印象的时候，我发现我家还是很温暖的，虽然有时候父母不理解我，但我能感觉出来他们是爱我的。在最后写方法的时候，我感觉自己原来是有力量的，竟然还可以做这么多的事情。

●同学的分享让我感觉到其实每个家庭都是类似的，父母都爱唠叨我们的学习；也让我明白在与爸妈交流的过程中，我们有时候可以更主动一点，态度在其中起到关键的作用。

### 专家评析

本游戏充满了趣味性和互动性。游戏在通过儿歌唤起学生儿时记忆的同时，又通过小组的不停变换组合，使参与互动的人数得到最大化。

"家的泡泡图"活动能让学生在积极的体验中，看到自身的价值，挖掘内在的积极部分为家庭做更多力所能及的贡献，从而提升家庭关系。

## 游戏 6 神奇的手环

### 活动意图

通过心理游戏"神奇的手环"，让学生对自我性格特质进行探索，增进对自我的认识，并在游戏体验中学习对自我的赋能。

### 活动准备

1. 本活动适合在室内进行。

2. 准备 20 色及以上的彩色卡纸（不超过 A5 大小即可）、剪刀、胶水、铜版纸材质的手环模型（见下图）、24 色及以上的水彩笔若干。

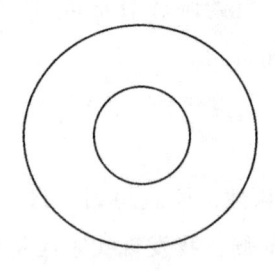

3. 本游戏适合在小学高年段学生活动中进行。

**活动过程**

1. 热身分组——喜欢的颜色

请大家闭上眼睛，在心里默默地想一下，在赤橙黄绿青蓝紫这 7 种颜色里，你最喜欢的颜色是什么。如果想好了请睁开眼睛。接下来，请大家用肢体动作表达你喜欢的颜色（全程安静，不能出声，只能用肢体表达）。以我为起点，从左往右依次是赤——橙——黄——绿——青——蓝——紫的顺序，围成一个大圆圈（即赤色在带领者左侧，紫色在带领者右侧）。排序完成后，请大家分别向左右两边的同学介绍自己的颜色，看看是否需要调整。完成之后，我们开始按照 1——2——3——4——5——6 的顺序分成 6 组，所有的 1 在第一小组，所有的 2 在第二小组（以此类推，具体分组数字视现场人数进行调整，确保每个小组的人数尽可能接近）。

2. 剪刀石头布——"洗"颜色

现在，我们每个小组都有 24 张（确保人均 4 张）不同颜色的卡纸。请大家依次从上往下拿取 4 张。请注意，不能自由挑选。

每人手里都有 4 张卡纸，这些颜色可能一样也可能不一样。现在给大家一个机会，通过剪刀石头布的方式对你手里的卡纸进行洗牌。请你和你组内的伙伴依次 PK，一局定胜负。如果你赢了，你可以从对方那里拿一张你喜欢的颜色的卡纸，可以一张也不拿，也可以把你手里不喜欢的颜色的卡纸送给对方，对方不能拒绝。

3. 交流分享

请分享一下：在刚刚的 PK 洗牌中，你最喜欢或最想要哪个颜色的卡纸，为什么？你最不喜欢或最不想要哪个颜色的卡纸，为什么？

4. 我的颜色特质

经过上轮的"颜色洗牌"，你手上可能已经有你最喜欢和最不喜欢的颜色了，也可能没有。如果没有，请你把这两种（最喜欢和最不喜欢的）颜色的卡纸添加到你的手中。

在刚刚激烈的 PK 过程中，大家会发现，我们对于不同的颜色有着不同的感情。大家知道吗，这份感情在我们对自己的觉察中也一样：我们每个人身上都有很多的性格特质，有些性格特质是你喜欢的，有些性格特质是你不喜欢的。现在我们一起试试看，用颜色来代表你身上的性格，比如我喜欢我的开朗，就好像红色的太阳一样有活力，那么"红色"的卡纸就代表了我性格中的开朗。

现在请你来思考一下：如果用颜色来代表我们的性格特质，我手中的这些颜色卡纸分别代表了你性格中的哪些特质呢？请你用笔在相应的颜色卡纸上写上相应的性格特质。

5. 分享与补充

请大家分享自己的颜色特质，并继续思考自己还拥有哪些性格特质（优点、缺点、长处、短处……），寻找相应颜色的卡纸放在面前。

6. 制作颜色手环

（1）将白色铜版纸内圆部分剪去，使之变成一个手环。

（2）将手中所有的颜色卡纸，用剪刀修剪形状，将它粘贴于手环（外圆部分）上。请注意，留出一小部分的空白区域，便于补充。

7. 反馈与补充

小组成员介绍自己的手环后，再转圈观察别人的手环，给组员反馈自己对它的看法，然后继续通过水彩笔对手环进行补充与装饰。

8. 带领者总结

（略）。

## 带领经验

本心理游戏为原创作品，属于自我意识类主题，创作灵感来源于曾正奇老师的"神奇商店"。用颜色来象征我们的性格特质，可以让品质具象化，有利于孩子的表达与理解。

在带领心理游戏时，请注意以下几点：

1. 活动前期对于颜色体验的铺垫要充分，这有利于环节4"我的颜色特质"中学生的表达。

2. 在制作颜色手环时，对于学生不喜欢某种性格特征的情况，可以加以引导，使其接纳自己的这一部分性格。

3. 活动主要采用艺术性表达的形式，所以需要注意示范的美感。

参与感悟

● 我一直觉得自己的脾气显得飘忽不定，对自己不够满意。但在制作颜色手环的时候，我觉得很开心，原来我是这么喜欢我自己啊。虽然我有很多不足，但我还是我！

● 每一次听别人讲关于颜色的故事时，我常常有新的启发，似乎看见了我的影子，感觉很不错。而且看着别人因为我的建议而开心起来，我觉得更开心了。

专家评析

小学生群体相较于其他群体开放度更大，更具有丰富的想象力。本游戏首先通过"洗颜色"的方式铺垫出孩子对不同颜色所代表的性格特质的觉察；然后通过书写这种具象化的方式把性格特质与不同颜色的卡纸对应，借此挖掘孩子的性格特质；继而通过进一步的对话与团队成员间的分享学习，让孩子的想法相互碰撞，在评判中转化为自身的期待与需要；最后让孩子在游戏中学会助人与自助。整个过程既符合小学生的心理特点，又能充分调动他们的参与积极性，既有相互滋养的部分，也有自身智慧的激发与成长，值得肯定。

## 游戏 7　解读我的情绪

活动意图

通过心理游戏"解读我的情绪"，让学生了解自我情绪的表达方式，看见情绪，发现情绪背后的期待和需要，以此来处理情绪、优化自我。

**活动准备**

1. 本活动适合在安静的室内进行，人数以不超过 30 人为宜。
2. 准备彩色 A4 纸、笔若干。
3. 本游戏适合在小学高年段学生活动中进行。

**活动过程**

1. 随机分组

请大家随机分成 6 人小组，各自围成圈。

2. 热身游戏——情绪动作大 PK

请每个小组在平时感受较多的情绪中挑选一个，悄悄地商量，一起设计怎样用肢体动作来表达这个情绪（展示的时候，可以是一套连贯的动作，也可以是定格的动作），让其他小组成员来猜这是什么情绪，比如开心、难过、焦虑、烦躁……

每个小组派一名成员来展示情绪动作，其他小组成员猜，互相反馈各自展示和猜到的情绪是什么。

3. 思考与分享

在刚才的游戏活动中，我们看到了好几种情绪，这些情绪在你身上出现的时候，你每一次都能及时发现它吗？这个情绪的出现，你是接受还是抗拒呢？它给你带来了困扰吗？事实上，给我们带来困扰的不一定是情绪本身，也不是它背后的故事，而是情绪背后所隐含的期待和需要。

4. 看见情绪

请每人想一个最近最困扰自己的情绪，把它写在 A4 纸上，并思考如何用动作和一句话来表达这个情绪。例如表达"很无奈"，我会一边抱着脑袋蹲下去，一边说："为什么最近什么事情都干不好啊？！"

请每一个组员慢慢地环绕分享者一圈，仔细地观察他的表情和动作，努力去猜测他动作背后的情绪是什么。要知道，一个情绪的背后，可能会有很多情绪包含其中。例如我刚刚表现出的"很无奈"，背后可能还有后悔、痛苦，等等。

组员观察结束后，请告诉你的伙伴，你觉得他的情绪背后可能有哪些情绪。请分享者把你认同的被自己忽略的部分补充在 A4 纸上。

5. 发现情绪背后的期待和需要

请分享者再次演绎刚刚的情绪，这一次，请大家帮忙来发现一下：分享者背后可能隐含的期待是什么呢，他需要的是什么呢？

组员观察结束后，请告诉你的伙伴，你看见的他情绪背后的期待和需要是什么呢？请分享者把你认同的被自己忽略的部分或其他想补充的部分写在 A4 纸上。

6. 与情绪拥抱

请你将目光聚焦在面前的 A4 纸上，此刻的你已经发现了在最初简单的表达背后，其实还有这么多的感受与思考。好比一开始的乱麻终于变成了一根根笔直的线条，你的情绪也是如此，它们此刻正无比清晰地展现在你的面前，你会发现困扰的背后其实还有对美好的向往。所以，现在请你好好地拥抱一下自己，感受情绪赋予你的独一无二的情感世界，也请你思考一下，可以用哪些方式来拥抱自己的情绪。

7. 分享与反馈

当分享者开始分享"与情绪拥抱"的内容时，请组员依次向他送上一句真挚的祝福，可以是建议，也可以是鼓励。

8. 带领者总结

（略）。

## 带领经验

本心理游戏为原创作品，属于情绪压力类主题，创作灵感来源于张非老师的设计"情绪雕塑"以及《非暴力沟通》一书。本活动重在引导学生深入看见自己的情绪，发现情绪背后的需求和情感，接纳消极情绪的存在，并发现其中的成长力量。

在带领心理游戏时，请注意以下几点：

1. 在热身游戏中，请注意引导成员关注情绪动作的每个细节，为接下来的环节做好铺垫与准备。

2. 在活动4、5、6中，要重点引导成员仔细体验自己的感受，同时通过共情来学习获得其他体验的经验。

### 参与感悟

●我常常觉得心情不好，但是不知道怎么改变。通过今天的活动，我知道了许多藏在心底的想法，已经轻松快乐了很多呢！

●当我每一次去帮助分享的同学看到他情绪背后的期待和需要时，我都觉得多了一份对他的理解，也多了一份对自己的理解。虽然我的很多话是对周围的人说的，但现在想想，其实我更想说给自己听，我应该多照顾和疼爱自己。

### 专家评析

人类的情绪在很多时候是互通的，对于天真烂漫的小学生而言，悲欢更是易于共鸣。本游戏别具一格地引入了心理剧中常常使用的雕塑技术，用"情绪雕塑"对情绪进行定格；用适合小学生的具象化的方式，让爱玩也爱观察的孩子们对特定的情绪进行观察并"放大"；继而通过共情学习的方式让孩子们看见情绪背后的期待和需要，然后引导孩子们学会拥抱自己的情绪。此外，具象化的过程让孩子们看见了情绪，这也是释放、缓解情绪的过程。本心理游戏设计具有趣味性浓、操作性强的特点，可以使孩子们更好地在体验中学习，在体验中疗愈自我。

## 游戏8　人际交往圈

### 活动意图

在心理游戏中"人际交往圈"，让学生通过画圈，清晰地呈现出自己的人际关系网、社会支持力量等情况，并通过圆圈的大小、圆圈之间线条形状、颜色的不同，自行判断出与朋友之间的人际张力，从而学会觉察和反思自己的人际关系。

### 活动准备

1. 本活动适合在室内进行。
2. 准备 A4 白纸、铅笔、彩色画笔若干。
3. 本游戏适合在小学高年段学生活动中进行。

### 活动过程

全体学生进行分组，每组 6 个人。

1. 在纸的中间画一个大小适中的圆圈，在圆圈里面画一个小人，代表自己。

2. 回顾一下你的生活，在你的生活中有哪些对你影响比较大的人？可以是家人，可以是老师，也可以是朋友。将他们用圆圈表示出来，圆圈的大小代表这个人对你影响的大小，距离的远近代表他与你关系的远近。在圆圈上写上他们的名字或者称呼。至少想出 5 个人。

3. 画好之后，邀请大家来看看你画的几个圈圈。通过线条来连接两个圆圈，表示彼此的关系，比如彼此之间矛盾冲突很大，可以画个深色的线条，或者用波浪线来体现冲突。

4. 再看看你的人际交往圈，你觉得他们之间有什么样的关系，也用线条来连接。没有任何关系的可以不连，彼此之间不讲话或已经闹崩了的可以用虚线来表示。

5. 小组内同学进行分享。
6. 全体学生进行集体交流。

### 带领经验

本心理游戏为原创作品，属于人际交往类主题，创意来源于学生经常玩的纸上下棋活动。游戏的自由度极高，可以采用不同颜色、不同大小、不同粗细的线条来画。通过圈圈呈现学生目前的人际交往圈，一方面可以帮助学生更好地看到自己的人际交往情况，另一方面也可以让学生在大家的分享中学习到很多人际交往的奥秘和方法。

在带领心理游戏时，请注意以下几点：

1. 活动开展前可以给予示范。带领者利用"自我暴露法"展现自己的人际交往圈，能让学生更加清晰地了解活动过程，更好地参与活动。

2. 游戏结束后，一定要进行挖掘性提问，比如："看到你画的人际交往圈后你有什么感觉？""看到生活中有这么多人与你相互影响，你有什么感受？""我看到有些关系冲突很厉害，是遇到什么棘手的事情了吗，有没有什么办法可以调整？""与你关系亲密的好朋友，他身上最吸引你的特质是什么？"

### 参与感悟

● 这个心理游戏让我仔细地梳理了一下身边的人，我发现对我有影响的人还是很多的。有这么多人因为我变成一个相关的交往圈子，原来我也可以是一个圈子的中心。我在画圈的时候，更多想到的是我喜欢的人，那些让我讨厌的、对我有负面影响的人，我反而容易遗忘。希望我能成为人际交往圈里那个有积极影响力的人。

● 我们组交流得很热烈。我看到在小明同学的人际圈中，我是比较靠近他的，线条的颜色也非常鲜艳。他在分享的时候说我是他非常重要的一个好朋友，我觉得特别开心。当然，我的人际交往圈里也有他。当组里的小伙伴说他的圈圈虽然不多，但是都比较大，彼此之间的关系都比较好时，我觉得很有道理，朋友不在于多，还要看交往的质量。

### 专家评析

心理游戏"人际交往圈"的特色在于具有很强的启发性、反思性和应变性。启发性在于通过画圈圈的形式让人对自己的人际互动和人际支持情况一目了然。反思性在于让人通过绘画理清自己的人际交往圈后，逐渐加深探索，反思想要拥有良好的人际关系需要完善自己的哪些方面，从而总结一些人际交往的经验。应变性在于根据带领的团体性质的差别，提问的问题不一样，非常灵活。

## 游戏9　超级比长短

### 活动意图

通过心理游戏"超级比长短",让学生充分认识自己和他人的长处和短处,体会"尺有所短,寸有所长",每个人都有自己的价值的道理,从而提高自信心。

### 活动准备

1. 本活动在室内、室外进行均可。
2. 准备星星贴纸若干,《参赛项目登记表》《优势比较记录表》每组各一张。
3. 本游戏适合在小学生活动中进行。

### 活动过程

先将全体学生分组,每7人为一组。

1. 带领者说明游戏规则。

游戏共有7个项目,组员采用盲选的形式先登记自己参赛的项目序号,每人每次只能参加一个项目。每个项目决出前三名,第一名至第三名分别获得三、二、一颗星。比赛结果由记录员记录在每组的"优势比较记录表"里。

2. 主持人宣布游戏开始,依次公布比赛内容。

项目一:比手腕力量。

采用掰手腕的方式进行,力量大的同学可以为本小组赢得相应的星星。

项目二:比跳远成绩。

找一个空旷的过道,逐个进行立定跳远,跳得远的同学可以为本小组赢得相应的星星。

项目三：比算数速度。

老师出题，考心算的速度，算得快的同学可以为本小组赢得相应的星星。

项目四：比文学知识。

每人接力说出一本名著的书名，5秒内说不上来则被淘汰，直至决出获胜者。

项目五：比地理知识。

每人接力说出一个国内省份的名称，5秒内说不上来则被淘汰，直至决出获胜者。

项目六：比历史知识。

每人接力说出一个历史朝代名，5秒内说不上来则被淘汰，直至决出获胜者。

项目七：比反应能力。

参赛者玩"萝卜蹲"的游戏。每个参赛者选定一种颜色作为自己的萝卜名字，如"白萝卜"或"红萝卜"。主持人喊"白萝卜"，"白萝卜"参赛者就做出下蹲的姿势。超过1秒没做出动作则被淘汰，直至决出获胜者。

3. 游戏结束，各小组进行讨论，并选择一名组员上台分享。分享内容如下：

"你们小组在今天的比赛中赢了几次？分别是什么项目？"

"与其他小组的同学相比，你们小组有哪些优势和不足？"

"通过今天的活动，你有什么感悟和收获？"

4. 游戏小结：通过游戏活动我们发现，每个小组都各具人才，每个人也都各有擅长的地方和不擅长之处，就如"尺有所短，寸有所长"一样。

带领经验

本心理游戏是原创作品，属于自我意识类主题，采用了小组竞赛的游戏形式。创作灵感来自"比长短"游戏。"比长短"的游戏形式很多，但是我们平常所接触的游戏内容和环节都比较简单，参与者从中获得的体验不多。本游戏以传统的"比长短"游戏为载体，创新了游戏的内容和环节，故此名为"超级比长短"。在流程上增加了分组、盲选和奖惩环节，突出了团队荣誉感，增加了游戏的不确定性；在比赛内容上加入了体能类、学科类、兴趣类的题目，既贴合学生的学习情况又不乏趣味性；在游戏结束后设置了问题分享环节，引导参与者分享游戏所得，从而明白"超级比长短"的真正用意。

在带领心理游戏时，请注意以下几点：

1. 项目的数量可以根据每组的人数确定，确保每个学生都能参加一个项目。若出现小组人数有多的情况，可以邀请多出的学生上台和带领者一起当裁判。

2. 在体能类项目比赛中，要注意场地的条件和人员的安全。

3. 在游戏比赛中，学生的兴致会很高，要注意现场秩序的维持，可以设置奖惩措施引导学生互相监督。

4. 项目的内容不局限于这七项，可以根据参加对象的年龄特征选择合适的内容。

### 参与感悟

● 这次活动最有意思的地方是我们事先不知道比什么，完全是凭运气选择。比赛开始前我一直在猜测会比什么项目，最后没想到第一个项目竟然是比腕力。作为一个男生，我在力量上有着绝对的优势，当发现其他组参赛的全是女生时，我觉得真是太幸运了！最后我轻轻松松为我们小组赢得了三颗星。

● 通过今天的比赛活动，我发现班里很多同学原来都是多才多艺的，那些平时不太显眼的同学，今天站在台上都是闪闪发光的。晓益同学平常学习成绩不太好，但是今天在项目五比地理知识时，他对省份名字对答如流，最后赢得了三颗星，真是让人刮目相看。平常"爱捣乱"的小杰在项目三比心算速度时，算得又快又准，给了我们很多惊喜。

### 专家评析

"超级比长短"这一游戏的"超级"之处在于形式新、参与面广、启发性强。形式上，在传统的小组竞赛基础上融入盲选环节，增添了游戏的新颖性；参与面方面，在项目选择上充分考虑到每一位参与者，让所有人都动了起来；启发性上，在比长短的过程中引导参与者更好地了解自己、感知同伴，使他们明白了每个人都有自己的长处和短处，只要找对了地方就能实现自己的价值。游戏用一种欢快的形式讲述着关于自我价值的意义，在欢笑中引人深思。

## 游戏 10　种子变、变、变

**活动意图**

通过心理游戏"种子变、变、变"，让学生感受到在生命成长过程中会有许多起伏不定，可能一路顺利，也可能经历坎坷挫折。最后让学生在大树的阶段做个冥想体验，为自己积极赋能，感受自己旺盛的生命能量。

**活动准备**

1. 本活动在室内、室外进行均可。
2. 准备与种子成长相关的视频、轻音乐。
3. 本游戏适合在小学生活动中进行。

**活动过程**

1. 可以全体成员一起参加游戏，也可以根据需要分成小组，每组 12 人左右最佳。

2. 小组成员通过"石头剪刀布"的方式进行两两 PK。

3. 成长过程通过身体的姿势来呈现：种子（身体全蹲）——小芽（身体全蹲，手捧下巴）——小树（身体半蹲，双手向下伸展）——大树（身体顶天立地，双手向上伸展）。

4. 最开始大家都处于种子的状态，通过第一次 PK 后，赢的一方成长为小芽，输的一方依然处于种子状态。然后，种子成员与种子成员PK，小芽成员与小芽成员PK，赢的一方升级成为小树，输的一方退回成为种子。成员在种子——小芽——小树——大树的过程中逐步成长，成长到大树后方可停止。

5. 冥想赋能：视频播放种子成长为大树的过程，学生在轻音乐中想象自己长成了一棵大树，享受着阳光雨露，在土壤中汲取营养，身体充满能量的样子。

## 带领经验

本心理游戏为原创作品，属于生命探索类主题。创作灵感来自经典心理游戏"小鸡变凤凰"。原始游戏的成长过程是从鸡蛋变成小鸡再变成凤凰。种子的成长过程是从种子到小芽到小树再到大树，种子的成长使用起来更流畅、自然，能更好地启发学生感受生命成长的过程，也可以更好地与落叶等联系起来进行生命教育。

在带领心理游戏时，请注意以下几点：

1. 规则传递要清楚、准确，最好边讲解边做示范。

2. 在活动开展过程中，要关注学生是否按要求呈现身体的姿势，可以通过PPT或者板书的方式提醒学生做好各种成长阶段的姿势，从而有利于学生更好地感受成长的不容易。

3. 要根据要求设计提问，使活动有非常丰富的资源可以挖掘，比如采访进化成功和进化比较不顺利的成员的感受，引导出生命成长的不容易；比如让学生探讨对种子在成长过程中遇到挫折的看法，挖掘如何对待挫折；比如让学生探讨在赋能过程中的体验，挖掘如何才能让生命充满能量。

4. 在冥想过程中，可以利用柔和的背景音乐，创设放松、安静的体验氛围，这有利于学生更好地投入活动并获得感悟。

## 参与感悟

●阳阳同学全程一路绿灯，一下子就从种子变成小芽又变成了小树，最后顺利成为大树。我看得特别羡慕，也对自己的成长更着急了，因为我好不容易成长为小芽，一下子又被打回了原形。我发现越急越不顺，老是在小芽和小树之间打转，都想要放弃了。听到阳阳说他已经变成大树的时候，我真恨不得活动立马结束，我不想面对这样的局面。后面看到小华过来和我 PK，想想他都还在坚持，我就抱着不管其他人怎么样，陪他一起再试试的态度又 PK 了一次，没想到运气还不错，最后成功地变成了大树。

●在游戏活动中，我们既开心又紧张。有些同学非常顺利地长成大树，他们一开始很兴奋，但是看着旁边的同学一直在激烈地 PK 时，又觉得应对挫折的经历也是非常有意义的。想到在平时的生活中，我们有时宁愿试错也不愿意让父母帮忙规划，大约也可以算是一种耐挫的成长锻炼吧。我们组也有些同学挣扎了很久一直没成功，他们体验到一种沮丧的感觉，发现生命太不容易了。最后的赋能给了我很大的能量，我感觉自己整体都变得更有生机和活力了。

### 专家评析

"种子变、变、变"这个心理游戏的特色有三点。一是体验性强，游戏围绕着一个"变"字，通过变的过程，让学生感受到生命的成长与蜕变。其实，游戏活动也可以设计为"破茧化蝶"，让学生从卵——蛹——蝶的变化中，感悟生命进化的精彩。二是整体性强，种子——小芽——小树——大树的变化是一个完整的过程，过渡也很自然。三是正向赋能，后期运用了意象对话的技术，在游戏中为学生赋能，让学生更有生命能量和活力。

## 游戏 11 　共建我们的家

### 活动意图

通过心理游戏"共建我们的家"，促使家庭成员之间建立更紧密的关系：亲子在一起建造房子的过程中，明确家庭的重要内核与特点；在游戏活动中，看到不同家庭的互动模式，拥有觉察和反思的机会。

### 活动准备

1. 本活动在室内、室外进行均可以，但需要有足够的空间。
2. 准备纸板箱、胶布、蜡笔、水彩笔、彩带、各种杂志和报纸、剪刀、便利贴等若干。
3. 本游戏适合在小学生亲子活动中进行。

### 活动过程

1. 以家庭为单位分组，一名助教担任观察员。
2. 宣布游戏规则：家庭成员一起出谋划策，通过纸板箱来搭建一个能代表、体现自己心目中"家"的特色的房子，然后一起明确房子装饰的主题，比如海洋主题、城堡主题等；让孩子担任装饰主角，家长负责协助工作。
3. 给搭建并装饰好的房子取个名字，明确家庭的家规和口号，设计表现家庭特色的标志并贴在小房子上。
4. 给家写一封信，话题包括："你心目中的家是什么样的？""现实生活中的家有哪些方面让你特别满意，有哪些方面让你不满意？""你想对爸爸/妈妈/孩子说的话是什么？"
5. 小组成员交流和分享刚才的过程。
6. 集体交流与分享。

### 带领经验

本心理游戏为原创作品，属于人际交往类主题，创作灵感来自生活中孩子对纸箱子改造的浓厚兴趣。"共建我们的家"集沟通、协调、动手等智力活动于一体，非常考验家庭的合作能力，也可以帮助家庭成员意识到自己在家庭中的分工和角色特点，从而做出适当的调整。

在带领心理游戏时，请注意以下几点：

1. 一定要传递清楚游戏的规则，把控好各个环节所需的时间，在活动开始前就明确约定好，在每个环节结束前两分钟做好提示。

2. 活动内容较多，要分步骤有序开展，在每个环节开始前不断明确环节的任务，可以通过 PPT 或者板书展示任务清单。

3. 在游戏过程中，一定要及时关注到成员的一些细节，这有利于后期的现场把握和引导。游戏的体验很丰富，助教的反馈也可以给家长提供深刻的反思，比如在搭建的过程中，谁在真正做决定，孩子的想法有没有得到尊重，父亲的参与度如何？这些反思与孩子写的信的内容相结合，可以给整个家庭的动力关系带来较大的变化。

### 参与感悟

●游戏不仅仅考验家庭成员的动手能力，更考验家庭成员间的默契与沟通协调能力。每个成员想要搭建的家在很多时候是不一样的，如何通过相互沟通、相互协商最终确定一个家庭成员一致同意的方案，其实并不容易。有些成员就是被动的，他觉得自己的想法没有得到足够的重视，后面在搭建与装饰时就非常敷衍，这都暴露出了家庭成员之间的动力关系问题。体验这样的游戏，会启发自己从不一样的角度审视自己的家庭关系，去觉察并反思自己的沟通风格。

●我们家搭建的房子非常写实，是城市高楼大厦里再普通不过的一间套房。回顾了我们家的特色后，我们最终确定的风格是整洁、简约、温馨。因此我们设计了很多的落地窗，让房子宽敞而明亮，也象征着我们的家庭氛围。家的装饰也偏向于书香风格。在家庭成员的信中，当孩子写道她渴望家是她的港湾，是她觉得难过后获得理解和支持的地方，希望家里少点讲道理多点感情时，我还是被深深触动了，这方面我们家长需要好好反省。

### 专家评析

心理游戏"共建我们的家"的特色在于形式丰富、内容层层递进、合作考验度大。活动涉及建造房子、装饰房子、明确家规口号等，然后需要彼此写一封信沟通，动静结合，开展的形式丰富多样。从外部的具体事物到无形的家庭文化，活动开展的内容由表及里，层层递进，一点点地促进家庭亲子间的理解与默契。游戏活动的各个环节都需要家庭合作完成，往往会有意见相左的情况发生，因此非常考验亲子之间的沟通协调能力。

## 游戏 12　家庭自画像

### 活动意图

在心理游戏"家庭自画像"中，让每个家庭成员通过独自与合作两轮家庭自画像的绘制及探讨，既了解自己在家庭成员眼中的形象差异及其原因，也学会协商并调整自己的期望，明晰所需做的努力。

### 活动准备

1. 本活动在室内、室外进行均可以。
2. 准备白板若干块，18 色彩笔若干盒，A4 纸若干张，水笔、铅笔若干支。
3. 本游戏适合在小学高年段亲子活动中进行。

### 活动过程

1. 将全体成员分为若干个小组，每个家庭（两大一小）为一组，每组分得 3 张 A4 纸，一盒 18 色彩笔，水笔、铅笔各 3 支。
2. 每个小组成员在 A4 纸上为自己的家庭作一幅自画像，要求包含家庭主要成员，展示他们在不同场景中的活动情况。
3. 小组成员相互展示、分享自己的自画像，引导成员探讨：

（1）"三幅画中最相似的部分是什么？最不同的部分是什么，为什么会有这些不同？"

（2）"在其他两位成员的画像中，你的形象是怎样的？与你自己的预期有差别吗？为什么会有这些差别？"

4. 小组成员合作在白板上作一幅家庭的理想自画像，要求包含家庭主要成员，展示他们在某一场景中的活动情况。在绘制时，允许各成员之间进行探讨。

5. 小组间开展自画像的分享，引导小组探讨：

（1）"理想自画像是共同完成的吗？理想的自画像与你的自画像的区别是什么？"

（2）"相比自己的自画像，理想自画像中其他成员有什么变化？你怎么看待这一变化？"

（3）"理想自画像中自我的形象相比之前自己的自画像中自我的形象，有什么变化？如何能形成这些变化？"

6. 各小组成员在自画像的合适位置签上自己的姓名，并拍照留作纪念。

### 带领经验

本心理游戏为原创作品，属于人际交往类主题，采用了绘画表达的游戏形式。创作灵感来源于个人自画像。游戏分为两个环节：先是每个家庭三个人单独绘制各自心目中的家庭自画像并做比较，再是三人协商合作完成理想的家庭自画像。活动的主要目标在于增进家庭的沟通，在营造融洽家庭氛围的同时，让家庭成员明晰自己在家庭中的角色、责任以及为形成理想家庭模式各自要做的努力。

在带领心理游戏时，请注意以下几点：

1. 带领者需要引导每个家庭成员深度思考自己的家庭模式、家庭互动方式，引导每个成员协商、探讨各自在家庭中应有的角色等。

2. 在绘制家庭自画像的过程中，可能有部分成员认为自己画得不好看而羞于下笔。带领者需引导成员认识到自画像绘制得好看与否不重要，重要的是能体现每个家庭成员的位置、形象等，鼓励成员下笔并允许绘制简笔画；同时，在绘制的过程中若有需要，允许成员更换纸张。

**参与感悟**

●我平时跟爸妈交流得比较少,总是静不下心来听他们说些什么,这次有机会看到他们心中"我"的形象,并且和他们一起协商如何组建一个理想的家庭,我很有感触。在父母心里,纵然我们有很多不足,但我们依然是最重要的,父母往往对我们做出了很多妥协。当然,我也知道了自己有很多要改变的地方,比如有时候嫌他们话太多,有时也嫌他们不能理解我。现在想想,其实自己也没有给他们了解、沟通的机会,总是用一句"你不懂"就打发了他们!

●孩子大了,很难跟我们沟通,但在这次的活动中她挺主动的,我们终于有机会坐下来听听她的想法,也见识到她在家庭外的表现:与家里那个懒丫头很不一样,能说,还能帮我们一起做。这让我们再次感觉到,她在我们没有看到的地方长大了!

**专家评析**

本心理游戏的特色在于形式的适宜性、表达的多样性、活动的递进性。本活动主要采用绘画表达的形式展开,这种非言语的游戏形式更适宜于小学高年段学生的亲子沟通状态。他们随着年龄的增长,自我意识逐步增强,开始关注个人的隐私,且倾向于选择与同伴交往,并逐渐减少与父母的言语沟通。游戏一开始的各自绘画让家庭成员更顺畅地表达、明晰了各自的想法,实现了非言语交流;随后针对画像的比较交流则通过成员间的言语表达实现了更进一步的想法交流;而最后的合作作画,除了实现想法交流,更促进了成员间的相互妥协与包容,成员在共同绘画中完成对美好家庭氛围的营造。

## 游戏 13　彼此眼中的你

**活动意图**

通过心理游戏"彼此眼中的你",让孩子了解自我表达的不同方式,促进家长与孩子之间的情感流动和互相看见、互相理解,让亲子关系更融洽、更值得珍惜。

**活动准备**

1. 本活动适合在室内进行,家长与孩子人数的合适比例为1∶1。

2. 家长自带孩子的纯色T恤一件(最好是童年穿过的、有特殊意义的)。带领者准备36色太空泥(超轻黏土)、各色各样的纽扣、各种儿童补丁贴布、针线、各色鲜艳的糖果纸、12色手指画颜料。

3. 本游戏适合在小学生亲子活动中进行。

**活动过程**

1. 分组

请家长与自己的孩子在同一组围成圈,每组6~8人(即3~4组家庭)。

2. 认识我眼中的"我"

请大家看向圆圈中心,那里有五颜六色的太空泥,在这么多的颜色里,你觉得哪一个颜色是你最喜欢的呢?如果你想好了,请你打开对应颜色的盒子,取出一小团太空泥,把它放在手上,仔细地感受它的触感——软软的,可以变成任何你需要的形状……(持续30秒)现在,请你来思考一下,如果用一种动物或植物来形容你自己,你觉得会是什么呢?它的外形如何?有哪些特点?性格如何?有哪些爱好?……如果你想好了,就请你利用面前的这些太空泥,把它捏出来。

根据自己的作品,请你向小组成员介绍"我"。

3. 认识我眼中的"你"

今天小组内有大朋友和小朋友,大朋友是我们的家长,小朋友是我们的孩子。在这些年的亲子相处中,想必大家对彼此有一定的了解吧。接下来,请你思考一下,如果用一种动物或植物来形容对方,你觉得会是什么呢?它的外形如何?有哪些特点?性格如何?有哪些爱好?……如果你想好了,就请你利用面前的这些太空泥,把它捏出来。

现在请你向小组成员介绍自己的作品——"你"。

4. 反馈和交流

我们分享了两个作品"我"和"你",在倾听的时候,我们的脑海中会有很多的想法与感受。现在请你怀着真诚与信任,向你的伙伴们吐露你的心声。这些话不仅对孩子很重要,对家长也很重要。

5. 介绍T恤的故事

今天爸爸妈妈带了一件宝贝——孩子们曾经穿过的T恤来到活动现场。这件T恤看似普通,但它的背后有不一样的故事。接下来请家长向孩子、向我们的伙伴介绍一下T恤背后的心情故事。

6. 创作与赋能

T恤虽小,背后的世界却很大,它就好比是我们之间的一幅画卷,上面留存着过去的故事。接下来,请家长和孩子一起,在上面给它续写新的故事,内容可以是你们的未来、你对对方的感谢与鼓励,或者其他想要送给对方的美好的一切!请你们利用面前的这些道具(纽扣、贴布、糖果纸、手指画颜料),一起创作出你们喜欢的作品,呈现你们想要的样子。

7. 分享展示

请向大家介绍你们创作的作品。

8. 带领者总结,孩子与家长集体交流分享

(略)。

**带领经验**

本心理游戏为原创作品,属于人际交往类主题。创作灵感来自与孩子

一起整理旧衣服时孩子偷偷在旧衣服上用画笔涂鸦。看着孩子放飞自我，感受着当时的快乐，我顿时觉得这不失为一种表达的好方式，于是就设计了有情感交流的游戏环节"介绍T恤的故事"。

在带领心理游戏时，请注意以下几点：

1. 关于道具，太空泥、T恤和手指画颜料是必选项，其他道具是用来增加创作的多样性的，所以可以根据需要酌情增减。

2. 仪式感很重要，需要注意细节布置，例如当道具比较多时，有美感的摆放可以营造气氛。

3. 在介绍作品的时候，可能会有成员有激动的表达，带领者要注意应变。

### 参与感悟

● 我用太空泥捏出"爸爸"和"我"的造型时，突然有了不一样的感觉，我发现爸爸也有可爱的一面。

● 在参加游戏活动之前，我和妈妈都有点不好意思和对方说话，但是通过捏太空泥，在伙伴的鼓励之下，我和妈妈都勇敢地说出了好多我们以前从没表达过的想法。

### 专家评析

对于很多家庭来说，亲子沟通不是一件容易的事情。本游戏通过捏太空泥来把彼此眼中的"你"和"我"进行具象化的表达，让情感投射更加直接、立体，这样的表达方式无论是对于内心表达开放度高且想象力丰富的小学生而言，还是对于不善表达的家长而言，都能在使他们缓解、释放自己的情感与情绪，让双方能更好地看见与"被"看见。对孩子的旧时衣物进行二次创作，让彼此的回忆交融，让彼此的未来联动，让彼此的情感流动，此时无声胜有声。而团体之间作品的交流与分享，则能通过团体动力的流动激发成员的智慧！

## 游戏14　玩转情绪脸谱

### 活动意图

通过心理游戏"玩转情绪脸谱",创设亲子互动的机会,在和谐的关系中激发彼此参与活动的热情,增强孩子对情绪的认识、辨别和调节能力。

### 活动准备

1. 本活动在室内进行为宜。

2. 准备情绪脸谱卡若干份,每一份有两张卡,这两张卡的人物形象不同,但表达的情绪相同。准备空白脸谱卡、不同情绪状态的五官卡若干份。均事先进行塑封。

3. 准备子母粘扣魔术贴、海报纸若干,计时器一个。

4. 本活动适合在小学生亲子活动中进行。

### 活动过程

1. 分组:一个家庭为一组。

2. 发材料:向每组发放情绪脸谱卡一份、空白脸谱卡一份、五官卡一份、子母粘扣魔术贴一份。

3. 消消乐:每组将情绪脸谱卡打乱,正面朝上排列放置于课桌上。在所有卡中搜索,找到表达相同情绪的两张卡,把它们立即消除(收起)。家长和孩子交替消除,不能互相提醒。全部卡片被消除完,则游戏结束。带领者计时,用时少者为获胜组。

4. 找不同:家长和孩子分别抽取一张情绪脸谱卡,进行对比,找出不同,并将内容记录在海报纸上。若抽到的卡代表的情绪相同,则作废,继续下一轮抽卡。各组分享记录的内容,找出的不同多者为获胜组。

5. 变一变：每组先由家长从情绪脸谱卡中抽取一张卡，接着由孩子拿出空白脸谱卡，从五官卡中选择相关的卡片制作出代表这个情绪的脸谱。然后请家长说出一个新的情绪词，孩子挑选与该情绪相关的五官卡，在空白脸谱卡的背面，做出一个新的情绪脸谱。最后家长和孩子手持制作的脸谱进行真人情绪脸谱模拟，先模拟一面，然后翻转脸谱，模拟另一面，实现情绪的快速变化。

### 带领经验

本心理游戏为原创作品，属于情绪压力类主题，采用了小组竞赛、手工制作、角色扮演等有机结合的游戏形式。其创作灵感来自正面管教中的情绪脸谱图，游戏主要用于学习对日常情绪的辨识与接纳。本游戏结合了"消消乐""找不同"的形式进行创意改编，增加了情绪认知与辨别的趣味性。在"变一变"环节，通过手工制作和真人情绪模拟的方式，让参与者进一步感知不同情绪的面部表情的特点及变化，增进了亲子间的互动交流。

在带领心理游戏时，请注意以下几点：

1. 为避免参与者对情绪脸谱卡表达的情绪有误解，比如无法区分生气、愤怒，可事先在情绪脸谱卡下方注明情绪名称。

2. 如果活动时间比较充足，可以将活动过程中的步骤3、步骤4、步骤5进行多轮，以增加参与者识别和认知情绪的机会。

### 参与感悟

● 我特别喜欢"消消乐"游戏，平时在妈妈的手机上玩过"水果消消乐"，因此很快听明白了游戏规则，内心跃跃欲试。带领者宣布开始后，我立刻找出了一组。接着轮到妈妈，她搜寻了一会才找出来，由于不能提醒她，我只能干着急。好在几组下来，妈妈的速度提升了不少，最后我们以小组第二名的成绩获胜。根据我的经验，要想快速获胜，需要对这些情绪脸谱比较熟悉，方便快速判断；同时也需要一点点运气，比如当脸谱卡排列得好时，就容易找到。

● 认识与调节情绪的能力不仅是孩子需要具备的素养，对于大人也特别适用。我平时工作比较繁忙，这次能和孩子一起通过游戏的形式在玩中学习，真的特别难得。而且在游戏活动中，我观察到孩子的表现比我想象的要好。比如在"找不同"环节，我发现她每找出一样不同，就会及时用笔做记录，她还会主动询问我的想法，最后进行归纳。在做脸谱的环节，她居然能快速地从那么多五官卡片中找到相关的卡片，这一点也出乎我的意料。

专家评析

面部表情是情绪的一种体现和表达，人在各种情绪下，会呈现出典型的面部特征。本心理游戏聚焦于借助"情绪脸谱"提升参与者对情绪的认知与辨别能力。其特色在于形式具有趣味，过程寓教于乐，符合小学生的心理发展特点，有利于其心理素养的提升。如在"消消乐"环节，小组比拼的是快速识别情绪脸谱的能力；在"找不同"环节，小组比拼的是细致寻找并总结不同情绪脸谱的差异的能力；在"变一变"环节，手工制作和真人情绪模拟考验的是在对不同情绪进行认知、辨别、理解的基础上的呈现与表达能力。

## 游戏15  提线双人舞

活动意图

通过心理游戏"提线双人舞"，让学生和家长在活动中感受沟通的重要性，并认识到各自在沟通中存在的问题与不足，最后借助大家的分享找到良好的沟通途径与方法。

活动准备

1. 本活动在室内、室外进行均可以，如在室内进行，则要求有足够大的空间。

2. 准备活动音乐。

3. 本游戏适合在小学高年段亲子活动中进行。

### 活动过程

1. 分组：学生与自己的爸爸或妈妈结成两人组。

2. 舞动：两人一组进行提线双人舞。

第一轮，家长作为提线人，孩子作为木偶人。家长跟随音乐，随着自己的心意舞动。孩子不能有自己的思想，要尽可能跟上家长的节奏与动作，紧紧配合好提线人。

活动规则：

（1）在活动过程中舞动双方都不能说话。

（2）牵线人随自己的心意舞动，木偶人要随着牵线人的节奏与动作舞动。

（3）以一首歌曲的长度作为这一轮舞动的时间。

第二轮，孩子作为提线人，家长作为木偶人。孩子跟随音乐自主舞动，家长要紧紧跟随提线人舞动。

第三轮，家长与孩子可以随意选择成为牵线人或是体验木偶人。在这一轮中，牵线人可以根据自己的意愿自主舞动，木偶人可以有自己的思想，创作自己的动作。看看在这一轮中，家长与孩子的关系是和谐还是冲突。

3. 两人分享反馈：

提线人向木偶人反馈：在舞动过程中，木偶人的哪些部分是比较符合自己的期待与要求的，哪些部分是不太符合的？当符合自己的期待的时候，自己内心有怎样的想法和感受？当不符合的时候，内心又有怎样的想法和感受？

木偶人向提线人反馈：在整个过程中，自己的感受是什么？当听到提线人说自己比较符合他的期待的时候，自己的感受是什么？当提线人说到自己不太符合他的期待的时候，自己内心的感受又是什么？

提线人自我反馈：刚才在舞动的过程中，自己去控制别人的时候，从最初到最后整个过程有怎样的感受？心情有什么变化？

木偶人自我反馈：在舞动过程中，自己被别人要求和控制的时候，内心有怎样的变化？心情是怎样的？

4. 全体交流分享：

通过这个提线双人舞游戏，自己对亲子关系有哪些新的理解和认识？

### 带领经验

本心理游戏为原创作品，属于人际交往类主题。游戏在实施过程中主要采用舞动的形式。该游戏的变形有很多，只要其中有控制与被控制的因素在，不管是绘画还是唱歌，都可以。活动不限于亲子关系，只要是双方关系都可以，比如夫妻关系、同伴关系、师生关系，等等。

在游戏带领过程中，请注意以下几点：

1. 每一轮舞动，音乐时长在 2~3 分钟为宜。
2. 在活动开始前，带领者最好做一次简单示范，帮助学生和家长理解游戏规则。

### 参与感悟

●作为家长，通过这个心理游戏，我发现自己平时与孩子沟通的时候，更多的是站在自己的角度思考问题，有时候看似民主，其实早就做好了预设。如果孩子没有达到自己的预期，自己会想尽方法说服他，甚至更多的时候是控制他。我在游戏里成为被控制者后，一开始感觉还不错，但很多时候也会有自己的想法，如果不能表达出来就很糟糕，只有能表达出来的时候，感觉才不错。通过这个游戏，我对和孩子的亲子关系有了进一步的思考：有时候要适当放手。

●参加完这个心理游戏，我感触很深。听了孩子的反馈，我才意识到自己没有真正理解孩子。很多时候，我都还把他当成小孩看待，事无巨细地都要了解并且控制他。每个年龄段的孩子，都有他自己的特点，作为家长，我们不能再用以前的思想养育孩子，要与时俱进，不断学习。

**专家评析**

心理游戏"提线双人舞",是一个很好的关系探讨游戏。通过该游戏的体验,活动双方可以很好地看到两人关系中的问题,也可以了解到调整两人关系的方向与方法。游戏既有趣味性、体验性,又有思考性。把此游戏运用到亲子关系的体验和建立中,非常有效。

## 游戏 16　理想中的家

**活动意图**

在心理游戏"理想中的家"中,通过物品的制作和布置,帮助家庭成员探索心目中理想家庭的模样;通过关于家庭内容的讨论和分享,帮助成员意识到家庭带给个人的感受。在此基础上,让成员发现家庭现有情况与理想状态的差距,并通过良性沟通和交流不断缩小差距,促使家庭变得更好。

**活动准备**

1. 本活动宜在室内进行,要求每组家庭配有一张桌子。
2. 向每位成员分发一张纸条和一支笔。
3. 向每组家庭分发一张大海报纸、各类色纸、剪刀、小刀、画笔、胶水等工具。
4. 本游戏适合在小学高年段亲子活动中进行。

**活动过程**

1. 将全体成员以家庭为单位进行分组,每组 2~3 个家庭。
2. 每位成员以一句话来描述"家",并在事先分发的纸条上记录下来,放入带领者准备的大盒子中。

3. 成员将大海报想象成家里的客厅，在1~2分钟内自由考虑自己想要用什么物品怎样来布置这个客厅。在整个活动过程中，成员间不能用言语交谈，只能用非言语沟通。

4. 成员利用分发到的材料，凭借每个人丰富的生活体验或想象，现场制作出一件可以用来布置家的物品，再依次将物品摆放在大海报上。

5. 布置可视情况进行3~4轮，家庭成员共同布置出一个家的立体式样态。

6. 每位成员运用观察、透视、分析、想象的方法，对大家七手八脚共同布置的家庭样态，说出自己的看法和感受。

7. 带领者取出活动开始时写好的许多纸条，大声念出。每位成员根据活动中的创作体验、想象的心得，再结合这些纸条上的描述，整理自己对"家"的主要概念；可以相互给回馈或分享多种看法。

### 带领经验

本心理游戏为原创作品，属于亲子沟通类主题，创作灵感来自游戏——一笔画。游戏活动既考验了家庭成员之间的默契，又可以帮助成员们交换想法、交流情感。不同的家庭，父母的文化程度、性格差异、参与经验等都有较大的差距，因此，带领者在实施游戏前需要了解参与者群体的情况，做好更充分的准备。

在带领过程中，要注意以下几点：

1. 对制作家庭物品环节要适当限时，否则会将活动时间拉得过长，影响效果。

2. 在成员分享自己的看法和感受时，带领者可结合自身的生活经验等，对内容加以深刻剖析。例如看到客厅摆有花盆，指出有成员特别喜欢花卉、性情温和或品质善良等。

3. 带领者可根据活动气氛，让成员尝试分享家庭中的生活经验，现身说法。

### 参与感悟

● 这是一个挺温馨、让人觉得挺舒服的游戏。在布置家的时候，我们家人虽然没有太多语言的交流，但是都很默契地还原了我们家现有的一些摆设。在我放了沙发之后，我爸爸做了一个电风扇放在旁边，这也正是我的想法！真的有点神奇！虽然平时我和爸爸相处起来有大大小小的矛盾，但这是我第一次发现原来我们之间是非常有默契的，我爸爸还是挺懂我的。

●平时很少有机会跟孩子坐下来面对面玩游戏，这次是一个很难得的机会。孩子在描述家庭时，在纸条上写了"偶有吵闹，但彼此包容"。听到她这样描述，我觉得挺欣慰的。的确，平时我和她爸爸会因为各种琐事而闹得不愉快，但是孩子能理解我们还是彼此包容的。她是个心思细腻又非常懂事的孩子，在我心里，她就像家庭布置中摆在茶几上的花儿一样美好。

### 专家评析

本游戏从设计理念上来说，是一个较好的亲子游戏，既可以让家庭成员分享对"家庭"的理解和看法，也可以帮助家庭成员通过积极沟通及时发现或调整家庭中现有的不好因素。但是在实施过程中，有一些细节值得注意：带领者需要尽量引导每位成员做想象，并将看法和感受说出来。这个引导想象的过程是需要代入一些团体辅导技巧的，如在必要时可以融入背景音乐。鼓励成员对同一物品做不同的解释，希望每个人都有属于自己的独特看法，他们在这个过程中或许就能有不一样的发现。

## 游戏17 情绪万花筒

### 活动意图

通过心理游戏"情绪万花筒"，让家庭成员对情绪对于个人行为和生活的影响和作用有基本认识，提高他们对情绪的洞察力。通过游戏，也让孩子学会关注他人情绪背后的原因，并能尊重他人；学会识别自己的情绪，并适时适当地表达个人的情绪，合理宣泄不良情绪，从而保持积极、乐观、向上的情绪状态。

### 活动准备

1. 本活动适合在室外进行，人类以 3~5 户家庭为宜。
2. 准备各种不同表情的人像图片一套，情绪蛋糕用图（平面圆形）每人一张，全家福图片每人一张，彩笔若干。
3. 本游戏适合在小学高年段亲子活动中进行。

### 活动过程

1. 认识情绪脸谱

呈现各种不同表情的人像图片，请孩子说说："你猜他的心情怎样？""为什么他会出现这样的表情？""你猜他可能遇到了什么事情？"请孩子运用简单的字眼及已有的经验来分享不同的感受。

2. 做情绪蛋糕

（1）提问："你知道自己平时的情绪状况吗？我们一起来做一个自己的情绪蛋糕。"

（2）带领者发给每人一张情绪蛋糕图片。

（3）提问："想一想，最近一周你的情绪状况如何？出现过多少种情绪？分别估计一下，每种情绪持续的时间约占一周的多少，算出它的百分比，然后按照百分比'切'出一个情绪蛋糕。给你的情绪蛋糕上色，如心情好的时候可以用明亮的颜色，心情不好的时候可以用灰暗的颜色。"

（4）带领者先展示自己在课前完成的情绪蛋糕。

（5）家庭成员各自完成自己的情绪蛋糕，并涂上颜色。

（6）家庭成员交流：

① "你的情绪经常充满着快乐（　　）/悲伤（　　）/焦虑（　　）/烦恼（　　）/其他（　　）。"

② "出现这种情绪的原因是什么？例如生病。"

③ "这种情绪一般持续多长时间？"

④"这种情绪给你带来了哪些影响？"

⑤"你常用来表达情绪的方式是：说出来（　　）/用动作表现（　　）/藏在心里（　　）/用表情表达（　　）/其他（　　）。例如摔桌子、瞪眼睛、不说话。"

⑥"这种表达情绪的方式有什么利弊？"

3. 画情绪全家福

发给每人一张"全家福"图片（图片中人物的面部是空白的），要求他们记录全家福中每个人物经常出现的情绪。

4. 家庭成员讨论

（1）当爸爸妈妈经常出现这样的表情的时候，孩子的感觉如何？

——思考他们为什么会出现这样的表情？

（2）当孩子经常出现这样的表情的时候，父母的感觉如何？

——思考他为什么会出现这样的表情？

（3）面对消极情绪，自己如何帮助家庭成员化解？

### 带领经验

本心理游戏为原创作品，属于情绪压力类主题。创作灵感来自我在带孩子的过程中，发现孩子不能很好地控制自己的情绪，而且表达情绪时太过于激烈。青少年的情绪是不稳定的、多变的。本心理游戏设计的重点在于帮助孩子有更多的情绪体验，通过多个活动，让孩子了解自己和家庭成员的情绪特点和表现，了解情绪产生的原因和调节情绪的方法，激发他们参与活动和探索思考的积极性。

在带领心理游戏时，请注意以下几点：

1. 在带领本游戏活动时，需要调整家长对情绪的认知。因为有些家长对孩子情绪的认知形成了刻板印象，这样就不能很好地参与到游戏中去。

2. 要注意引导孩子表达自己平时对家庭成员的看法，让游戏活动能够在坦诚的氛围下开展。

### 参与感悟

● 以前，我表达自己的情绪时很夸张，而且很激烈。通过这样的心理游戏活动，我认识到，一个人要学会控制自己的情绪，而且表达的时候要尽量使用恰当的语言和行为，否则就容易对自己周围的人造成较大伤害。

●作为丈夫，我平时对自己妻子的情绪不够关注，很多时候觉得她就是这样的人。通过这次活动，我感受到了妻子的不容易，自己也更懂得了觉察家庭成员的情绪，并学会了引导他们恰当表达情绪背后的一些内容，从而促进家庭关系的融洽。

### 专家评析

一个人在成长过程中会产生多种情绪，情绪对每个人的影响相当大，消极情绪影响着人们的智力、人际关系、身体健康以及正常水平的发挥。如何让学生在成长过程中逐步学会调节自己的情绪，控制自己的行为，是心理健康教育很重要的一大内容。这一亲子活动，让孩子了解自身和家庭成员的情绪状况，学会控制情绪和保持良好情绪的方法，为他们的健康成长提供了保证。

## 游戏18　亲子十三哈

### 活动意图

在心理游戏"亲子十三哈"中，通过选择物品和竞猜物品的活动，创造亲子互动的机会；通过分享加强亲子交流，增进亲子感情。

### 活动准备

1. 本活动在室内和室外进行均可以。
2. 准备白纸和笔若干。
3. 本游戏适合在小学生亲子活动中进行。

### 活动过程

1. 带领者选择10组家庭，每组家庭人数为2人（一个大人和一个孩子)。

2. 第一轮先由家长选定一个在家中具有特殊意义的物品作为竞猜物品，并将这个物品的名称写在纸上，写好后将纸对折交给带领者。孩子每次以"是××吗"或"不是××吗"的句式提问，大人只能回答"是"或"不是"。一轮游戏最多有13次提问机会，回答正确即停止；若13次提问结束还没有答对也要停止，由带领者公布答案。答对者可以向对方提出一个能做到的要求，对方要尽量满足。

3. 第二轮由孩子选定一个在家中具有特殊意义的物品作为竞猜物品，家长来猜，同样按照刚才的规则进行游戏。

4. 两轮游戏结束后，亲子交流与分享：

（1）"你在游戏中获胜了吗？作为获胜者，你提出的要求是什么？"

（2）"你为什么要选择这个物品作为竞猜物品？它对你的家庭有什么意义？"

（3）"在游戏过程中你最大的感受是什么？"

### 带领经验

本心理游戏为原创作品，属于亲子沟通类主题，采用了亲子竞猜和角色扮演的游戏形式。创作灵感来自电台节目"动听十三哈"。游戏将"是"与"不是"这种简单易操作的竞猜形式应用于家庭亲子游戏，对规则和内容进行细化，突出游戏后的分享环节，加强了亲子交流。

游戏规定由参与者自己提供竞猜物品，因为被选择的每一个物品都承载着对家庭而言很特殊的意义，这些物品将父母和子女联结在一起。在两轮游戏中，亲子双方分别扮演提问者和回答者，在不同角色中体验不同的情绪状态，有利于加强亲子了解。

在带领心理游戏时，请注意以下几点：

1. 在选择竞猜物品时，家长和孩子可以在游戏开始前集中确定，也可分别在两轮游戏开始前确定，这个可以视活动的时间而定。

2. 要强调竞猜物品必须是家中存在的，否则范围过大，会增加游戏的难度。

3. 这个活动属于家庭亲子游戏，游戏结束后，带领者也可以引导父母与孩子自己在家中操作，并邀请其他家庭成员加入一起玩，从而增加孩子与其他家庭成员的联系。

4. 本次活动邀请了 10 组家庭，每组家庭问答的速度可能不一样，因此要提醒提前结束的家庭保持安静，直到所有家庭都结束为止。

**参与感悟**

● 与孩子玩游戏，之前我一般都是处于陪玩的状态，但在这次的游戏活动中，我着实当了一回参与者，觉得很有意思。在选择物品让孩子来猜时，我犯了难，因为我觉得具有重要意义的物品实在是太多了。最后我选了"篮球"，因为这是孩子最喜欢的一项运动，也是我们一家人经常在一起玩的项目，我觉得孩子应该能猜到。最后，不出我所料，刚进行了五轮提问，他就猜出来了，看来我们还是很有默契的！

● 两轮游戏中我的角色不一样，心情也很不相同。第一轮我作为猜的人，只想尽快猜到爸爸写的物品是什么。第二轮轮到我来写物品，爸爸来猜的时候，我算是体验到了想赢又想输的矛盾心理：一方面我希望爸爸猜不出来，这样我就赢了；另一方面我又希望爸爸能猜出来，这说明爸爸很了解我。最后分享的时候我把这种矛盾的感觉告诉爸爸，没想到爸爸也有同样的感觉，看来，我们父子俩真的挺像的！

**专家评析**

"亲子十三哈"以"是"与"不是"的亲子对答串起整个游戏，形式简单又不乏趣味性。游戏以家庭物品为载体、以亲子竞猜为主要形式，使得亲子互动更加自然。一起参与游戏的父母与孩子，既是提问者又是竞猜者，在不同角色中体会不同心境，在亲子互动中学会换位思考，从而加强了亲子交流，增进了亲子感情。

## 游戏 19　真心话 & 大冒险

**活动意图**

通过心理游戏"真心话 & 大冒险",增强亲子间的沟通和了解,增进彼此的信任,引导孩子和家长更加坦诚相待,尤其是引导家长多了解孩子的真实想法和情绪,学会倾听孩子的心声,并反思自己的言行。

**活动准备**

1. 本活动适合在室内进行。

2. 根据亲子间想要解决的问题,提前准备大冒险卡片,每张卡片一个任务,如"请试着拥抱一下现场你最不喜欢的人""说一句一直想说,但不敢说的话""说一个你埋在内心深处的秘密""说出对方的 5 个优点和 5 个缺点""讲讲自己曾经遇到的最难过的一件事情""说说学习、生活中遇到的最困难的事情""说说自己感到最自豪的事",等等。

3. 准备 A4 白纸和水笔若干。

4. 本游戏适合在小学高年段亲子活动中进行。

**活动过程**

1. 默契大考验:在一对亲子之间进行你演我猜,一人表演成语,另一人猜,轮流表演。采用积分制,看看哪对亲子最有默契。积分最高者分享心得。

2. 真心话 & 大冒险:以家庭作为小组,全家轮流成为答题者,可以选择"真心话"——回答家人提出的问题,或者选择"大冒险"——从带领者提前准备的卡片中抽取一张,按要求完成任务。

3. 反躬自省:结合在"真心话 & 大冒险"中得到的家人们的反馈,各自反省自己的言行,分享想法和感受,并结合实际情况说出自己能够做到的承诺和行动计划。

4. 幸福约定：为了家庭共同的幸福，商量制订家庭愿景和共同约定，全家一起朗读幸福约定。

### 带领经验

本心理游戏为原创作品，属于亲子沟通类主题，适合有小学高年段孩子的家庭。小学低年段的孩子如果具有较强的自我反思能力也可以尝试。游戏环节的设置，要由轻松到深入。"真心话＆大冒险"环节非常关键，带领者需要把握节奏，既要引领亲子有更深层次的沟通，又要注意沟通气氛的调节，不能让沟通中断。

在带领心理游戏时，请注意以下几点：

1. 大冒险卡片的内容要依据不同家庭的情况进行调整，除了提前制作好卡片，还可以由带领者现场根据实际情况生成卡片。

2. 要提前了解家庭想要解决的问题或想要达成的目标，大冒险卡片的内容一方面要发挥增进亲子了解的作用，另一方面要能够活跃气氛。

3. "反躬自省"环节的分享要从家庭中最愿意分享、语言表达能力最强的人开始。

4. 在"幸福约定"环节，要引导家庭成员达成共识，形成大家都能接受、可执行、可量化评估的约定。

### 参与感悟

● 爸爸妈妈老说很爱我，虽然我知道他们应该是爱我的，但他们除了关心我的成绩之外，根本不知道我内心的想法，也很少关心我是不是真的开心。久而久之，我觉得跟他们越来越没话讲，也觉得说"爱不爱"很虚假。在大冒险环节，我抽到"说一句一直想说，但不敢说的话"这张卡片后，把自己的想法说了出来。没想到爸爸一脸震惊，妈妈更是直接哭了。他们做了很多解释，并承诺以后会多多关心我，而不是仅仅关心学习成绩。虽然我的内心还有一丝怀疑，但我愿意静观其变。

● 孩子今年上六年级，感觉这两年他跟我们的沟通越来越少。我们一直觉得可能是因为孩子进入了青春期。通过这个心理游戏活动，我们才知道，原来是因为我们对孩子的内心想法了解太少。我们自认为很爱孩子，但是除了关心孩子的学习成绩和生活起居之外，对孩子的心理需求和内心情感真的关心得太少，我们不知道孩子在校园的生活状态，不知道他最好的朋友是谁、最喜欢听的歌曲是什么……感谢这个游戏活动，让我们意识到自己的问题，知道要多关心、了解孩子内心真正的想法。想要改变孩子，先改变自己。

**专家评析**

小学高年段的孩子，自我意识开始崛起，他们强烈希望得到父母的尊重，希望父母把自己当大孩子看。但是很多父母不懂孩子的这一心理需求，处理不当，亲子关系于是急转直下。孩子常常因为得不到父母的尊重和理解，而故意与父母作对；父母则觉得孩子变得不听话了、叛逆了，不知道怎么跟孩子进行沟通。

本心理游戏为亲子提供平等交流的平台，让孩子与家长面对面地说出彼此的心里话，充分表达内心的真情实感，增进了亲子间的了解，同时让孩子充分感受到了被尊重和被理解，符合小学高年段孩子心理发展的需求。本游戏活动更重要的价值在于提醒家长们要改变沟通方式，关注孩子的成长和变化，"反躬自省"，了解孩子内心真正的需求，充分尊重和理解孩子。

## 游戏20 我能飞得更高

**活动意图**

在心理游戏"我能飞得更高"中，让学生与家长直接地"操控"与互动，创设有趣的氛围，通过亲子共同设计风筝并放飞风筝的方式，创造亲子合作的机会，在分享中加强亲子交流，增进亲子感情。

**活动准备**

1. 本活动适合在室外进行。
2. 根据家庭数量准备制作风筝所需的材料、在风筝上作画所需的画笔颜料以及号码贴。
3. 本游戏适合在小学生亲子活动中进行。

**活动过程**

1. 首先以家庭为单位进行分组，每一个家庭认领一套制作风筝的原材料。要求在孩子的指挥下，家庭成员共同参与，快速地完成风筝制作。在这个过程中，父母只可以接受任务回答"好的"，或者拒绝任务，说"这个我完成不了"，除此以外，亲子间不要有额外的对话发生。

2. 根据风筝制作的完成顺序，每个家庭都会获得自己的编号。随即开始画风筝，每个家庭领取画笔与颜料对自己的风筝进行装饰作画，在这个过程中所有成员都不许说话。每一次只有一个人在风筝上画一笔，三人各画一笔为一轮，一共进行5轮。要求主题是与自己的家庭相关的，并可以自圆其说。

3. 以家庭为单位向其他家庭成员分享自己所画的内容以及感受，完成后所有家庭围坐。按照编号，每家派出一名代表向大家展示自己制作的风筝，介绍作画的顺序和与自己家庭的联系。

4. 孩子拿线，父母拿风筝，家庭成员共同放飞风筝。

5. 假如风筝试飞失败，孩子与父母一起寻找原因，改进方法，重新试飞直到成功。

**带领经验**

本心理游戏为原创作品，属于亲子沟通类主题，采用了手工制作、绘画表达等有机结合的游戏形式。在孩子小的时候，都是父母帮他们安排好生活，而到了孩子可以独立活动的时候，很多父母依然不给他们自主的机会。本次活动，让家长看到了孩子已经长大，他们已初步具备自我管理的能力，父母的放手和家庭的合作对孩子的成长很有意义。

在带领心理游戏时，请注意以下几点：

1. 在活动开始前，带领者一定要强调活动规则，保证活动按照规则进行，特别是在对说话有要求的环节。

2. 在分享环节，注意强调在一方分享时，其他成员要认真倾听，表示尊重。

3. 如果第一轮试飞失败，一定要鼓励家庭成员一起耐心分析原因，避免相互指责。

### 参与感悟

●这个游戏让我觉得最爽的一点是"我的妈妈要闭嘴"，而我还可以指挥他们做事情！这和我平时的生活状态差得太远了，平时我只有被吩咐做事的份儿。当然，我在他们的眼神里看到了不信任，他们觉得我不明白如何操作。其实我早已长大，制作这种小手工完全不在话下！虽然大家不能交流，但在合作完成画作时，我感觉一家人还是很心有灵犀的，我能看懂他们的想法，他们也能明白我的意思。这种无声胜有声的合作让我感受到了家庭力量的凝聚，我很喜欢。

●虽然只是做个小风筝，但是我知道女儿的动手能力不强，她也从来没有做过，我怕她失败受挫，很想帮她。结果我发现她的动手能力比我想象的好很多，她知道怎么分配工作来节约时间，这一点让我觉得她真的长大了。画画的过程有点困难，女儿是第一笔，我完全猜不出她的想法，因为不能交流，所以我们每个人都只能凭猜测去画，有一种被隔绝开来的感受。我想可能平时我们交流得太少了。

### 专家评析

本心理游戏的特色在于其方式的新颖性。在活动过程中要求父母"禁言"和"服从"，这是在平时生活中非常难体验到的部分。

这个游戏选择的内容是比较生活化的一个场景。家长在孩子幼年时期带领他们"放风筝"，常常是爸爸或妈妈动手放，孩子在一边观看。今天安排父母与孩子共同合作完成风筝制作，并且是孩子放飞风筝，父母在边上配合，这让父母体会到了只有相信孩子，对孩子放手，孩子才能飞得更高的道理。活动富有趣味性，能调动学生参与的积极性，激发他们主动投入的热情。游戏中增加了"假如风筝试飞失败，孩子与父母一起寻找原因，改进方法，重新试飞直到成功"的环节，这能让孩子明白：前路未必一帆风顺，要适度地求助家长，得到父母的支持是获得成功的重要保障。

# 二

# 初中生心理游戏篇

　　初中生正处于从儿童向青少年过渡的时期。七年级学生刚刚进入少年期，理性思维的发展还有限，身体发育、知识经验、心理品质等方面依然保留着小学生的特点，因此帮助他们尽快适应新环境，培养良好的学习习惯是重点；八年级学生已经进入青春期，独立意识快速发展，自尊心增强，由于心理发展与生理发展的严重不平衡，容易出现不同程度的对抗情绪，因此帮助他们形成健康的自我观念，建立和谐的人际关系是重点；九年级学生思维能力获得了较大发展，学习能力有了很大提高，成人感更加明显，加上面临中考，容易出现压力与情绪的问题，因此引导学生合理调节情绪，初步树立生涯规划意识，激发其实现目标和梦想的动力是重点。

　　因此，七年级的心理游戏主要围绕环境适应、学习指导主题展开，八年级主要围绕自我意识、人际交往主题展开，九年级主要围绕生涯规划、情绪压力主题展开。

　　初中生感知觉的目的性、概括性都有了提高，抽象逻辑思维逐渐增强，但主要还偏向经验型思维。鉴于初中生认知发展的特点，初中阶段的心理游戏在操作过程中要注重将趣味性与思考性相结合，引导学生从体验向抽象认知初步转化，要做到"动""静"结合，在活动中启发思考，促使学生自我反省与感悟，从而实现其身心健康发展。

## 游戏1 拷贝不走神

### 活动意图

在心理游戏"拷贝不走神"中,让学生默契配合,运用肢体语言,准确无误地传递信息,从而理解心领神会的含义;并通过小组竞赛的游戏形式,帮助学生培养专注力,提高竞争意识。

### 活动准备

1. 本活动在室内、室外进行均可以。
2. 准备2~3组隔板(每5块隔板为一组),用于拷贝时遮挡人体。
3. 准备A4大小的白纸若干,写上需要"拷贝"的词语或句子。
4. 本游戏适合在初中生中进行。

### 活动过程

将全体学生分为若干个小组,每组6人,各组推荐一名学生担任观察员。

1. 5名小组成员横向排成一排,每个人都站到隔板后,确保彼此之间看不见。
2. 第一个小组成员向观察员领取"拷贝"词语,如"自行车""平板电脑""急诊室"等,然后在组内一对一"拷贝"传递,传到最后一名成员后,由最后一名成员告知观察员自己所"拷贝"的词语是什么。
3. 活动结束,安排小组讨论,交流"拷贝"出现错误的原因,商量如何改正。
4. 第二轮活动开始,每个小组向观察员领取一句话,如"我们帮助老奶奶安全过马路""宝宝在家认真学习弹钢琴""教师节给老师送一份礼物"等。小组成员集体用肢体语言表达,让大家猜。

**带领经验**

本心理游戏为原创作品，属于人际交往类主题，采取了小组竞赛、默契配合等游戏形式。该游戏的创作灵感来自《团体心理游戏设计与案例》一书中的"人体拷贝"游戏。"人体拷贝"游戏，通过人的肢体动作造型"拷贝"阿拉伯数字。而"拷贝不走神"游戏是通过肢体语言"拷贝"词语和长句，在动作的表达上难度要求更高，更富有内涵。词组和句子的设定，可以根据参与学生的年龄特点、认知水平和时事而定，这让游戏更有趣味性和灵活性。

在带领心理游戏时，请注意以下几点：

1. 观察员要协助带领者控制场上秩序，让学生在不受干扰的安静环境中，完成词语表达与理解的"拷贝"。

2. 为了保证对各组"拷贝"结果的评价公正，给各组的词语难度要接近。

3. 在集体用肢体动作表达句子时，一般一人表达一个词语，连成一个完整的句子。小组有5人，因此长句中的词语不要多于5个。小组成员讨论并分工合作，这样会表达得比较准确。

**参与感悟**

●游戏活动不仅反映了组员之间的默契，而且考验每个人的表达智慧。我们组需要"拷贝"的词语是"自行车"，表面看起来并不难，但第一个成员的肢体动作是快速地骑自行车，后面的同学都将骑自行车的动作进行"拷贝"，虽然"拷贝"得非常快，但最后的结果是错误的。在小组交流过程中，第一个成员意识到自己没有表达清楚，除了要做骑自行车的动作外，还要表达所拷贝的词语是被骑的物件——自行车。

●我们组的潇潇同学，真是个高手，在"拷贝"词语"平板电脑"时，他从书包中拿出一个东西，用手比画着长方形，然后"开机""打游戏"，然后关机，放入书包。随后，他用手指着这长方形的东西，并用手势表示有4个字。动作清晰、准确，模仿惟妙惟肖，同学都非常清楚是

"平板电脑"而不是"玩游戏"。

**专家评析**

与"拷贝不走神"相类似的游戏有不少，如"我演你猜"，主要考验两个人之间的默契程度，经常在亲子、伴侣、好友之间进行。而本游戏是在多人之间进行多次"拷贝"，要求不变形、不走神，难度增加了很多。在不熟悉的人之间完成准确"拷贝"，考验的不仅是默契，更是准确表达和精心领会的能力。有能力让他人领会自己的意图，有能力解读对方的意思，这是人际交往中需要具备的基本能力与素养。而在"拷贝"过程中的失败体验也会让学生发现他以自身的理解方式所传达的内容不一定是他人理解到的内容，这也有利于学生明白在传递信息乃至人际交往中应多站在他人的角度去思考和表达。

## 游戏2 "雷区"取水

**活动意图**

通过心理游戏"'雷区'取水"，考查学生行动的敏捷度和决策的机智性，培养学生面对困难的勇气和团队合作的责任感。

**活动准备**

1. 以室外活动为宜，如果在室内进行，需要有足够的空间。
2. 准备大型塑料充气球一只、3米长绳一根、计时表一只、矿泉水20~30瓶。
3. 本游戏适合在初中生中进行。

**活动过程**

1. 将全体学生分为若干个小组，每组8人，在其中推荐一名学生担任组长、一名学生担任"甩球人"、一名学生担任观察员。

2. 各小组依次取水。把大型塑料充气球绑扎在3米长绳上,由一名非本组的学生担任"甩球人","甩球人"站在场地中央,360°旋转,制造具有杀伤力的"雷区"。小组成员依次穿越"雷区"取出矿泉水瓶,每人每次只能取一瓶。被球击中的学生作为"触雷牺牲者"而被淘汰出局。

3. 在规定时间内(比如3分钟)取水最多的小组获胜。

4. 小组成员交流活动感悟。

### 带领经验

本心理游戏为原创作品,属于意志责任类主题。创作灵感来自春游活动中学生们玩的"喷泉接力赛":小组成员冲进喷泉水柱,与喷泉中央的同学进行矿泉水交换,完成小组接力,用时最少的组获胜。

在整个游戏过程中,学生们的兴奋度很高。组内同学群策群力,想办法以最快的速度冲到"甩球人"身边取到水。"甩球人"不仅要用体力甩起大球,给"取水人"制造"雷区",还要机智准确地击中"取水人",破坏"取水人"的战斗力。所以,选出最佳"甩球人"是游戏的关键。对"甩球人"来说,游戏是对体力与智力的体验,也是对责任与意志的考验。

在带领心理游戏时,请注意以下几点:

1. "甩球人"可以根据需要,在3米内自由伸缩绳子,控制绳子的长度。

2. "甩球人"的任务是制造"雷区",尽可能击中"取水人",阻止其他组成员顺利取到水。

3. 要等"触雷牺牲者"离开场地后,后续组员才可以进入"雷区"取水。

### 参与感悟

●我见"甩球者"这个角色可以主动击中穿越"雷区"的取水者,觉得挺好玩的,所以自荐要求担任"甩球者",但结果并不是我想象的这么简单。一根大绳上绑着一个大球,我不仅要把它360°旋转起来,而且要找准时机击中"取水人",体力消耗很大。见取水者们顺利穿越"雷区"取走水,我心里非常着急。特别是听到组员的抱怨声时,我更是觉得又累又委屈。我也想多多击中对方的取水者而出色完成任务,但真是力不从心啊。此刻我觉得,组员间的彼此理解、包容和支持是非常重要的。

●我们2组是最棒的,大家通力合作,出色地完成了"雷区取水"任务。我们勇敢地冲向"雷区",机智地避免被"雷"击中。特别是小峰同学,他胆大心细,几乎匍匐在地面上前行,敏捷而巧妙地避免被"雷"击中,迅速穿过"雷区",为我们组取得成功立下了汗马功劳,我们为小峰点赞。

专家评析

心理游戏"雷区取水"在团队合作、竞争的体验中,培养学生大胆、机智、敏捷的行为品质。因为有人会被"雷"击中而"牺牲",所以,组员需要发扬"前仆后继"的精神,而不是一味抱怨。在活动结束时,一定要留出时间,安排大家讨论,总结活动过程中的得与失,让学生在反思中提升自我评价的能力,在感悟中表达对同伴的欣赏与赞美。

## 游戏3 卡片结缘

活动意图

在心理游戏"卡片结缘"中,让学生尝试用多种方法去记住同伴的名字,从而加强对同学的了解,体会与人交往的乐趣,感受认识新朋友的喜悦;让学生了解主动交往的重要性,理解只有学会主动,勇敢迈出第一步,才能收获更好的人际关系。

活动准备

1. 本活动在室内、室外进行均可以。
2. 准备20张不同形状(长方形、正方形各10张)、不同颜色(红、黄、蓝、绿、白各 4 张）的卡片，活动人数控制在 20 人。

3. 本游戏适合在初中生中进行。

**活动过程**

卡片结缘一：同种颜色、同种形状

1. 请拿到相同颜色、相同形状卡片的同学迅速组成一组，两两相对而坐，共 10 组。

2. 在 3 分钟内，双方做简单交流，并在两人身上发现至少 3 个相同点，同时记住对方的名字。

3. 每组派一位代表分享你们找出的共同点。

卡片结缘二：同种颜色

1. 请拿到相同颜色卡片的同学迅速组成一个小组，共 5 个小组，围成圈而坐。

2. 每 4 人一小组，以串名字的方式进行交流：第一位同学介绍自己的名字和一项自己独有的信息，第二位同学重复第一位同学的介绍并加上自己的介绍，以此类推，一直到第四位同学串完名字为止。

3. 邀请每个小组展示全体串名字，看哪个小组完成得又快又准确。

卡片结缘三：同种形状

1. 请拿到相同形状卡片的同学迅速组成一个小组，共两个小组，围成圈而坐。

2. 每 10 人一小组，以串名字的方式，快速记住你们组内所有成员的名字。

卡片结缘四：所有拿卡片的人

1. 请拿卡片的所有同学快速组成一个新的小组，围圈而坐。

2. 组成新的小组后，请看一看组内的成员，还有哪些是你不认识的，去认识一下，记住他的名字并找到他的一项独有的信息。

3. 由学生随机指问某位同学，同时需说出所指同学的名字和个人信息。

4. 通过本次活动，你新认识了哪些同学？请在空白的卡片上写下你本次新认识的同学的名字，以及他独有的个人信息。

### 带领经验

本心理游戏是原创作品，属于人际交往类主题，采用了卡牌游戏的形式。创作灵感来自"有缘相识"游戏。我们总是喜欢靠近和自己有相似点的人，尤其是在不熟悉的环境里。于是本游戏设计成利用找相似的卡片来认识新同学，借助卡片帮助大家实现主动交往，体会与人交往的乐趣。

在带领心理游戏时，请注意以下几点：

1. 本次活动适用于新集体形成的初期，能帮助集体成员快速认识同伴。

2. 由于人员和分组次数较多，每次分组时组员的座位会发生变化，因此需要方便搬动的轻便椅子。

3. 小组成员在介绍自己的独有信息时尽量简短、精练，说几个关键词即可。

### 参与感悟

● 平常我是一个比较被动的人，这次通过寻找拿相同卡片的有缘人，认识了很多新的同学。一开始我只是把它当成一个任务去完成，但是当我真的找到这些有缘人时，我还是很开心的。通过寻找相似点，我发现原来和我有相同爱好的人还挺多的，很希望可以和他们成为好朋友。

● 在同种颜色卡片结缘时，我们组有 4 个人，我们小组是全班最先完成串名字任务的，我觉得这个任务很简单。而到同种形状卡片结缘的环节，10 人一组时，串名字任务的难度就升级了，好在我们小组的成员想到了名字联想法，使得全组顺利完成任务。

### 专家评析

心理游戏"卡片结缘"采用了"卡片"这个媒介，让学生通过找相似的东西寻找自己的有缘人，给同伴交往提供了一个新的契机。游戏充分利用趋同心理，加强同伴交流，培养学生主动交往的能力。此外，游戏还通过不断地分组与打破分组，使得参与者之间有更多的交流，从而在活动中体会与人交往的乐趣，感受认识新朋友的喜悦。

## 游戏4　情绪四宫格

**活动意图**

在心理游戏"情绪四宫格"中，用绘画的方式，引导学生将考前情绪具象地呈现出来，然后对其进行分析和调整，从中获取积极力量。

**活动准备**

1. 本活动适合在室内进行。
2. 准备四宫格情绪画纸每人一张，画笔每组一盒。
3. 本游戏适合在初中生中进行。

**活动过程**

1. 面对临近的中考，你的心情是什么样子的呢？请用不同的颜色，以线条或者涂鸦的方式把你的心情描绘在第一个格子里。

2. 全体交流分享：你画的是什么？描绘的是怎样的心情？

3. 面对中考，你情绪的主旋律是什么？它对你的影响有哪些？如果让你将这些影响画出来，它将会是怎样的一幅画面？请拿起画笔在第二个格子里画出这幅画面。

4. 组内交流：你画的是什么？它描绘的是怎样的情绪故事？

5. 我们将如何调整这些情绪呢？请在小组内以漂流瓶的形式顺时针传递情绪四宫格画纸，在第三个格子里依次为每一位小组成员添加情绪小配方。

6. 哪位同学分享的配方让你最有感觉？它让你有什么联想？从中你获得了什么能量？

7. 通过以上的探寻与交流，第二个格子里呈现的画面是否有了不同的变化呢？你将会以怎样的状态与心情迎接中考呢？请将它们画在第四个格子里。

8. 请部分同学展示画作并在全班分享。

9. 升华赋能：现在，请将四宫格对折再对折，将第四个格子面向自己，郑重地写下绘制人、见证人、绘制时间。现在，请你们双手捧起画纸，置于胸前，带着自己以及同学的美好祝愿，一起说出我们的心声："我们拥有青春，我们拥有梦想，面对挑战，我们从容不迫，为了遇见更好的自己，一路向前，做自己的光，温暖而有力量！"

### 带领经验

本心理游戏为原创作品，属于情绪压力类主题，采用了绘画表达和想象引导的游戏形式。其创作灵感来自四宫格绘画。四宫格绘画是指通过一组画面的绘制来讲述连续性的故事。"情绪四宫格"也沿用其连续性的特点，聚焦于中考生临考的情绪状态，第一格绘制临考心情，第二格画出情绪故事，第三格寻找情绪新配方，第四格感受情绪新体验，通过四格连续性的情绪绘制，让学生对临考前的情绪进行梳理，并将情绪对自己的影响以画面的形式呈现出来，在绘制与分享中起到表达与宣泄情绪的作用。

在带领心理游戏时，要注意以下几点：

1. 本活动的对象虽为九年级准中考生，但也适用于其他考前心理的调整，带领者可根据学生群体的实际需求调整活动的内容。

2. 本活动中的四宫格画纸是事先准备好发给学生的，也可以直接发给学生一张白纸，学生将白纸对折再对折即可形成四宫格。

3. 绘制情绪四宫格时，在每个格子里绘制的时间要根据内容有所限制，这样才能保证活动有效进行。

4. 本游戏对于人数没有严格限制，可用于一个班级的团辅，也可用于一个年级的团辅。

### 参与感悟

● 对于马上要参加中考的我来说，中考就像一座黑压压的大山，压得我喘不过气。在情绪四宫格画纸上，我觉得像是找到了一个宣泄的出口，把压在心底的那些东西一股脑儿都画出来了。在情绪新配方环节，我拿回自己的画纸时，发现上面写满了同组小伙伴给我的建议和祝福，我感受到了中考路上，自己不是一个人在战斗，我并不孤单。

●我们小组成员都很喜欢漂流瓶环节的设置，因为它构建了一个互帮互助的平台，让我们畅所欲言。小组中的王同学一开始分享的是，面对中考自己感受到最多的是激动和自信，但他在画第二格的时候发现太过激动和自信往往会使自己粗心。在漂流瓶环节，我们给他写了好几个平复心情的小妙招，他表示很受用。

### 专家评析

"情绪四宫格"游戏以认知行为疗法结构化流程为依据，创新四宫格模式，从情绪评定——情绪事件——资源整合——情绪新状态四个层面呈现情绪内容，用四个格子串起整个游戏过程，可操作性强。形式上采用绘画表达与想象引导相结合的方式，将考前情绪具象化呈现出来，使抽象的情绪形象化；同时引导学生在绘画过程中释放考前情绪，起到绘画即疗愈的效果。游戏还引入了同伴互助模式，让学生在同伴互助中汲取积极力量，以此培养他们的情绪适应和调节能力。

## 游戏5　你我的距离

### 活动意图

在心理游戏"你我的距离"中，通过学生之间的互动，让互相不熟悉的成员在任务要求下进行直接的无言语交流，创设和谐沟通的氛围；也通过各自调整社交距离，让成员很快地了解每个人的社交距离以及适合的交友方式，对于团体的发展起到帮助作用。

**活动准备**

1. 本活动在室内、室外进行均可。
2. 准备活动需要的背景音乐。
3. 本游戏适合在初中生中进行。

**活动过程**

1. 全体同学（以30名学生为例）围成一个大圈站定，依次报数。单数号在内圈围成圆，双数号在外圈围成圆，内外圈的成员面对面站立。

2. 第一个环节，内外圈成员相隔两步的距离，面对面站立进行对视，对视时间为10秒钟。内圈顺时针旋转一位，与下一位成员对视，用这样的方式继续，直到回到自己的原始点。在这个过程中要求只能用眼神交流，不能用语言交谈。

3. 第二个环节，内外圈成员相隔一步的距离，面对面站立进行对视，在对视的时间内，可以选择用"微笑""点头""握手""拥抱"等不同动作与对方交流。内圈顺时针旋转一位，直到每个人回到自己的原始点站定。在这个过程中要求只能用眼神与肢体接触进行交流，不能用语言交谈。

4. 第三个环节，内外圈的成员可根据自己的舒适程度选择面对面站立的距离，在交流过程中可以在眼神交流、肢体接触交流的基础上，增加"你好""很高兴认识你""我叫×××"等语言交流。按顺时针方向转动，直到回到原始出发点。

5. 最后恢复成集体大圈进行分享，体验感受。

**带领经验**

本心理游戏为原创作品，属于人际交往类主题。在新班级刚开始组建时，用此游戏活动打开人际交往特别合适。在学校的团体活动中，需要一个高效率的游戏来带领成员快速建立关系，此游戏作为"破冰"活动，效果亦非常好。本游戏设计了三轮，从眼神交流到肢体接触交流，最后发展到语言交流，每一轮的改变都是根据人际交往中打开自己、融洽关系的递进性发展安排的。这样避免了参与者的尴尬与压力，能让他们顺势而行地进入主动交流的阶段。

在带领心理游戏时，请注意以下几点：

1. 活动开始前的规则说明非常重要——在前面的对视中要保持绝对的安静，只有在安静的环境中才能营造出相互尊重、互相接纳的氛围。

2. 活动中每个环节都应该有时间的限制，随着音乐声响起后每10秒一个提示音，成员才可以往下走。在对话的环节，要求成员不做过多表达，也不能说"你为什么这么远"或者"你为什么这么近"之类的带有指责性的话语。

3. 活动前期可以由带领者或者助手进行示范性带领，大家如果都明白了活动要求，就可以根据带领者的指令进行后几轮的活动。

### 参与感悟

● 本以为这是个毫无意义的游戏，但游戏结束后我想了很多。我是一个不很容易认识新朋友并交到朋友的人，在群体里基本扮演"小透明"的角色。我在每一次的对视里都看到了很多的善意，发现了同学之间因为不能说话交流，于是都试图用表情来和对方沟通的努力。我也从最开始的不自在、局促，到后面试探着靠近，甚至破天荒地在这么短的时间里流露出交友的期待。可能我的社交距离比别的同学远了一点，但是我发现大家在尊重我的距离，友善地且试探着和我握手，我于是也有了更勇敢地靠近别人的意愿。真没想到游戏活动有如此神奇的效果。

● 在老师讲心理游戏的规则时，我就觉得它是一个很尴尬的活动。在大家互相都不熟悉的情况下，就开始这样对视，真的是令人接受不了。在后面的对视体验中，我开始渐渐地放松，虽然有笑场的时候，但因为要求不能说话，我还是忍住了。在第一轮活动中，有同学站在我面前与我对视的时候，我会有点局促，甚至想躲过对方的眼神。第二轮，有人站在我面前与我握手的时候，我感觉还是蛮亲切的。在最后一个环节，我比较轻松地选择了合适的距离和同学们交流。活动结束后，我确实有一种我们是一个团体的感觉。

**专家评析**

人际距离是人物关系的一种体现和表达，不同的社交距离会给彼此带来不同的感受。本心理游戏聚焦于借助"人际距离"的变化来提升参与者对陌生同伴的认知与亲近感。其特色在于形式具有趣味性，效果事半功倍。在活动中，参与者能很明确地看到活动的目的是什么，带着这样的目的与期待参与活动，也会让活动的效果更加容易得到体现。

这个活动放在团辅活动前期无疑是一个较好的、能快速提高成员熟悉度的游戏。带领者的示范是非常重要的部分，可以让成员在第一轮游戏中感受到活动的严肃性并沉浸其中，只要做到这点，活动目标几乎就能达成。

## 游戏6　送给自己的话

**活动意图**

在心理游戏"送给自己的话"中，让学生通过感受他人的墓志铭，思考生命的重要性，并在思考生命的价值和意义的同时认清自己的人生目标；让学生采用设计书签的方式记录下送给自己的一句话，用有仪式感的方式，把这份思考物化出来，从而更好地激励自己，或赠送书签以激励他人。

**活动准备**

1. 本活动适合在室内进行。
2. 准备书签半成品若干和轻缓的背景音乐。
3. 本游戏适合在初中生中进行。

**活动过程**

1. 游戏活动可以在全体学生中开展，也可以根据需要将学生分成小组进行，每组6人为宜。

2. 分享墓志铭的故事：

曾经有个心理学家举办了一个讲座，题目为"生与死"。在讲座过程中他要求大家为自己写一个墓志铭。有人写的是："这里长眠着一位中国籍的诺贝尔奖获得者。"有人写的是："一位幸福的女人。"也有人写的是："我笑过，我爱过，我活过……"也有人写着："这里安息着一个女子，她实现了她人生的愿望，去了另外的世界，但在这里永生。她的一生是幸福的一生、快乐的一生，也是贡献的一生、无憾的一生。虽然她长眠于此，但她永远活着。"

很多名人也有墓志铭：

在他生前，大自然感到了败北的恐惧；而当他一旦溘然长逝，大自然又唯恐他死去。——拉斐尔

他观察着世态的变化，但讲述的却是人间的真理。——马克·吐温

活过、爱过、写过。——司汤达

3. 看了他们的墓志铭，请学生写一句话送给自己。在半成品书签上设计，文字和绘画相结合，以更好地表达出话的意境。

4. 小组交流分享将这句话送给自己的原因。可以将书签赠送给自己的朋友、同学，也可以留给自己。

**带领经验**

本心理游戏为原创作品，属于生涯规划类主题，创作灵感来自心理拓展游戏"写写你的墓志铭"。游戏"送给自己的话"侧重于让学生澄清价值观。让学生通过书签的形式把"送给自己的一句话"呈现出来，能促使他们在明确自己人生方向的基础上，知行意结合，勉励自己更好地学习、生活，追求人生发展。

在带领心理游戏时，请注意以下几点：

1. 课前通过音乐和环境的布置，创造柔和、放松、有具体画面感的氛围，有利于学生更好地投入思考。

2. 活动开展前可以给予示范。老师适当做自我暴露，说出送给自己的话，能创造更开放的参与环境，同时让学生更加明晰活动的规则。

### 参与感悟

● 生命是个复杂而深奥的话题，看着别人的墓志铭，有的有趣，有的很有意义，我们也被引发着不断思考生命的意义。随着带领者的引导，我们慢慢深入地去探索，组员间的相互分享也非常有启发性，促使彼此碰撞出更多思维的火花，进一步认清自己的人生方向。最后在书签上制作"送给自己的一句话"的时候，我觉得特别神圣、有意义。

● 我们组的松松同学，他送给自己的话是："雁过尚且留声，人生岂能无痕，活着就要做个有价值的人。"他不希望在生命终结之后，自己白来一回，瞬间就被人遗忘，希望可以在某个领域做点有意义的事情，有所贡献。青青同学送给自己的话是："做个独立自主、学会承担的人。"他觉得回头看自己的人生，好像更多的时候都在按部就班，听别人的安排。这句话是他要努力的方向。我们都觉得他们的思考很有深度，对大家也很有启发，于是认真思考并调整着送给自己的一句话。

### 专家评析

"送给自己的话"这一心理游戏的特色在于形式新颖、符合学情、可操作性强。采用制作书签的形式写下送给自己的话，将沉重的话题轻松化，这种形式容易引起学生的兴趣，比较适合初中生的心理承受力，也会让学生更加认真地思考和对待这一句话。书签采用绘画和书写相结合的形式，把感性与理性充分调动并结合了起来。且书签可以继续保存下来，方便时常提醒自己记得这一句话。初中正是建立人生观的阶段，通过这样的活动引导初中生思考生命是非常有意义的。

## 游戏7 友情说明书

### 活动意图

通过心理游戏"友情说明书",让学生自主地思考友谊,在不同时期的自我探索中完成对于交友时自身需求的澄清以及自身交友底线的说明。

### 活动准备

1. 本活动适合在室内进行,要尽可能选择安静一些的环境。
2. 给每人准备一张 A4 白纸、一支黑色水笔,给每组准备一盒彩笔。
3. 本游戏适合在初中生中进行。

### 活动过程

1. 活动开始时将全体成员分成 6 个小组,每个小组指定一位学生为组长,并由组长为组员领取纸和彩笔。各组围成小圆圈坐好。

2. 所有学生将领到的 A4 纸上下左右对折成大小相同的 8 份(如图 1),然后将中间两部分划开(如图 2 加粗部分所示),随后将得到的纸竖立,拢到中间(如图 3、图 4)。

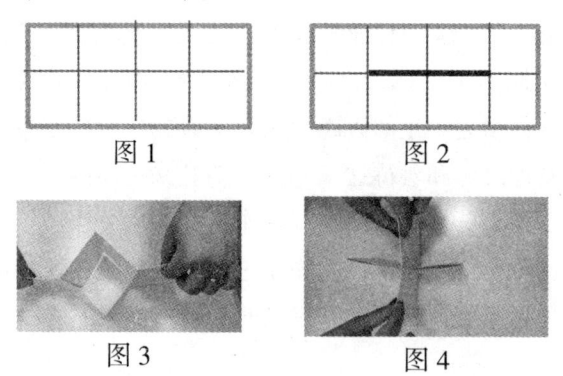

图 1

图 2

图 3

图 4

3. 根据以上折法,每个人都会得到一个自己的专属小册子(共 4 页)。

首先在第 1 页上设计《友情说明书》的封面，限时 3 分钟完成。封面设计完成后，翻开第 2 页，用彩笔画下在小学时期自己记忆最深的与好朋友愉快相处的场景。完成后，在第 3 页画上现在自己与好朋友发生矛盾的不愉快场景，在第 4 页画上自己理想的与朋友相处的状态。

4. 小组成员全部完成后开始组内分享，分享内容包括：

（1）"你所画的场景是什么样的？"

（2）"为什么这个场景让你记忆深刻？"

（3）"在你的友谊中，你最看重的是什么部分？你是否有自己不能接受的底线需要朋友明确？如果你被朋友不小心伤害到，你想要得到怎样的道歉？"

全组分享完后，将思考的内容写在各自的《友情说明书》的封底（第 4 页的背面），补充完善自己的《友情说明书》，并在小组中大声地念出自己的思考内容。

5. 将自己的《友情说明书》悬挂在场地四周事先准备好的夹子上，大家都可以去翻阅每个人的说明书。

### 带领经验

本心理游戏为原创作品，属于人际交往类主题，游戏主要采用了绘画表达的形式来进行自我探索和组内分享。游戏试图通过几个环节的设置让学生在一个公开且安全的环境中思考友情，分析自己对友情的认知和需求以及自己在与朋友交往时无法明说的介意之处。在团体中的明确表达也能让他们学会在日常生活中对朋友进行明确表达。这对于他们维护友情是一次很不错的练习。

在带领心理游戏时，请注意以下几点：

1. 在画记忆深刻的场景时，要给学生营造一个安静且安全的氛围，只有这样学生才可以静心地去思考和回忆。

2. 活动的重点内容其实是分享环节，在分享中，学生会在切实的回忆里找到自己在交友过程中看重的部分和介意的部分，并进行深入的思考，这个环节的时间要给充足。

**参与感悟**

●这段时间，我确实在人际交往中碰到了一些困难。我是一个看起来比较好相处的人，所以与同学包括朋友在大部分时间都相处得不错。可是，有的时候，某些同学开一些玩笑，可能他自己都没有意识到会对我造成伤害，但我确实感受到了不舒服和难受，我也不知道怎么解决这个问题。今天当我大声地和大家说出我介意的事，说出我不喜欢被忽视时，我感受到了前所未有的舒畅。课后朋友都找到我，和我道歉，我们都明白了以后该怎样相互对待、友好相处。

●这个游戏像是一场心理的探索，探索自己也探索别人。在回忆小学时期和朋友相处的愉快经历时，我好像明白了自己在友情里最需要的是什么；在回忆初中阶段和朋友的伤心过往时，我也知道了什么最容易让我受伤。虽然我以后还会遇到很多人，交到很多朋友，但我理想的友谊状态是不会变的。用好我的《友情说明书》，能让我的交友少走弯路。

**专家评析**

心理游戏"友情说明书"的特色在于其形式的新颖性、活动的挑战性。游戏通过各个环节的设置，让学生很直接地面对自身的人际交往问题。在实施"别人希望我怎样对他，我就怎么做"这一人际交往"黄金法则"的过程中，学生发现自己往往很难说出自己真实的需求和想法，觉得那是伤害朋友的行为。这个游戏就很好地创设了一个公开且安全的方式让同伴知道"我想要你们怎么对我"。

## 游戏8 专注力大比拼

**活动意图**

在心理游戏"专注力大比拼"中，通过三轮不同规则的多组喊"到"

及报数游戏,让学生既体验专注的状态,也理解外界的因素可能会干扰自己的专注力;通过探讨以及经验分享,让学生掌握提高专注力的方法。

## 活动准备

1. 本活动在室内、室外进行均可以。
2. 准备别针、A4纸以及记号笔若干。
3. 本游戏适合在初中生中进行。

## 活动过程

1. 每位学生在A4纸上写出一个三位数,作为自己的编号,用别针别在胸前。全体学生围坐成一个圈,带领者站在圆圈中央。

2. 第一轮:带领者报一个数字X(个位数,在0~9之间随机选择),所有编号中含X(不限个位上的数,也可以是十位、百位上的数)的学生立刻起立喊"到",并迅速站到场地中央排成一列纵队后进行奇数(1、3、5、7、9……)报数,最后一位同学不报数,直接迅速向大家报告:"报告大家,编号中含X的共有××人。"出错的学生分享自己出错的原因,并为大家表演一个节目,可以朗诵、唱歌、背诵古诗词等,也可以做个鬼脸或其他动作。

3. 第二轮:带领者报一个数字X(个位数,在0~9之间随机选择),所有编号中不含X的学生立刻起立喊"到",并迅速站到场地中央排成一列纵队后进行奇数(1、3、5、7、9……)报数,最后一位同学不报数,直接迅速向大家报告:"报告大家,编号中不含X的共有××人。"出错的学生分享自己出错的原因,并为大家表演一个节目,可以朗诵、唱歌、背诵古诗词等,也可以做个鬼脸或其他动作。

4. 第三轮:带领者报一个数字X(个位数,在0~9之间随机选择),所有编号中含X+3(若X+3≥10,则取结果的个位数,如结果为10则取0,结果为11则取1等)的学生立刻起立喊"到",并迅速站到场地中央排成一列纵队后进行偶数(0、2、4、6、8……)报数,最后一位同学不报数,直接迅速向大家报告:"报告大家,编号中含X+3的共有××人。"

出错的学生分享自己出错的原因，并为大家表演一个节目，可以朗诵、唱歌、背诵古诗词等，也可以做个鬼脸或其他动作。

5. 引导全体学生思考：

（1）整个活动中自己的表现如何？

（2）如何能更好地集中注意力？

### 带领经验

本心理游戏为原创作品，属于学习指导类主题，采用了小组竞赛的形式。创作灵感来自报数活动，但在原有的基础上做了很大的改动。游戏每一轮的规则都稍有变化，并且活动本身的节奏比较快，周围干扰比较多，是一种需高度集中注意力的心理游戏。不管是面对来自同学的有意干扰，还是面对一些其他无意干扰，参与者都需要维持较高的专注力才能准确地完成活动要求。

在带领心理游戏时，请注意以下几点：

1. 活动的人数不宜过多，也不宜过少，以20人左右为佳。如果人数过多，可以采用淘汰制，出错的学生退出比赛圈，观察其他学生的表现。学生的三位数编号最好能不相同，如有相同，可以让学生之间进行协商、调整；如若都不愿调整，也可采用相同的编号。

2. 带领者在每一轮开始喊数字前，可以重复一下规则；每一轮可以多进行几组活动，每组之间则不重复说明规则。

3. 游戏活动的难度也可视参与学生的情况而增加或降低，如喊数字的规则可以改为"编号中含X的几（10以内）倍数"，等等。

### 参与感悟

● 活动不仅考验了我们的专注力，还考验了我们的反应能力、抗干扰能力。第一轮时，我们可能只要集中注意力就可以了，但到第二轮、第三轮时，我们就需要脑子拐个弯了。每次让编号中不含X的学生起立时，编号中含X的我总忍不住想要站起来！

● 可能是人多、规则复杂的原因，看着挺简单的活动，没想到玩起来，同学们就乱了套了，错得千奇百怪。报数队伍的最后一个人太惨了。茜茜直接跟在晓云后面报数 11，她说因为太紧张了，完全忘记自己要干吗。还有梓馨，被抽到好几次，错了两次，一次压根忘了站起来，一次报数的时候忘了报偶数！还有更好笑的，木木同学报告编码中含"4"的只有一个人后，大家发现婷婷的编码中也含"4"，她根本不知道自己被抽到了……唉，看来活动虽然简单，但真的需要高度集中注意力，容不得走神啊！

### 专家评析

本心理游戏的特色在于任务的挑战性与难度的递增性。活动主要考验的是个人的专注力和抗干扰能力，在活动中，规则的微小变化、每一组活动的不同部分以及每次不同的计算规则等，虽然简单，但相互之间会有干扰，特别是活动中未被抽到的学生的行为对被抽到学生的表现也会造成一定的干扰；并且每一轮活动的难度都在逐步增加，这些都给准确完成任务带来了一定的阻碍。

## 游戏 9  自嘲我怕谁

### 活动意图

在心理游戏"自嘲我怕谁"中，让学生通过对自我的烦恼、缺陷等方面进行幽默自嘲，既体会恰当的幽默在人际交往中的作用，也掌握表达幽默的方法；同时，让学生通过接受对自我的幽默解嘲或者他人对自己的解嘲，提升对自我的认同度，提高自信心。

### 活动准备

1. 本活动在室内、室外进行均可以。
2. 准备 18 色彩笔若干盒、A3 纸若干张、水笔若干支。

3. 本游戏适合在初中生中进行。

### 活动过程

1. 将全体学生分为若干个小组，每组 4 位成员，给每组分发一盒 18 色的彩笔、一张 A3 纸、4 支水笔。

2. 每个小组可用彩笔在 A3 纸上绘制一片四叶草：每人绘制一叶，并用两种不同的颜色将每一叶分为内外两部分；每个人在自己绘制的叶片内部写上自己最近期待解决的烦恼或想要改进的缺陷。

3. 呈现演员贾玲面对身材发胖问题时的自我解嘲案例——"我深情地演绎了：明明可以靠脸吃饭，偏偏要靠才华。"要求每位成员也用这种幽默的方式在自己叶片的外部另类解读自己的烦恼或缺陷。

4. 相互交换 A3 纸，每位成员对其他成员的烦恼或缺陷进行另类解读，并写在相应叶片的外部。

5. 每位成员观察自己的叶片，在自己认为最精彩的另类解读上打钩，或者在他人解读的后面写上自己的另类解读，并进行分享。每个小组推荐一名成员上台进行集体分享。

6. 引导成员思考：
（1）对自己的烦恼或缺陷进行自嘲时有什么样的感受？
（2）自嘲的好处有哪些？
（3）自嘲有哪些方式？

### 带领经验

本心理游戏为原创作品，属于自我意识类主题，采用了书写记录的形式。创作灵感来源于网络综艺节目《吐槽大会》。对他人的幽默吐槽，既可以化尴尬于无形，又能增添自己的人格魅力；而对自己的恰当吐槽，则更加能拉近人与人之间的距离，还能提升对自我的接受与认同程度，是内心自信和强大的一种表现。

在带领心理游戏时，请注意以下几点：

1. 在四叶草的绘制过程中，让各小组注意大小应适宜，建议以页面中心为草叶中心，每个叶片占四分之一页面。

2. 因为涉及一些个人的隐私，参与的成员可能有所顾虑，所以要在活动一开始时鼓励成员勇于适当公开隐私，引导成员在对他人的烦恼或缺陷做另类解读时不带有嘲讽的意味。

### 参与感悟

●我个子不高，长得也瘦，经常被同学开玩笑说是"小学生"，还因此被起绰号。也许同学并没有什么恶意，但我就是很不舒服，可又怕同学知道我在意这些后嘲笑我，就一直将介意藏在心里。在这次活动中我把这个问题写了出来，后来经过同学和自己的幽默开解，突然感觉没有那么在意了。

●好看的皮囊千篇一律，有趣的灵魂万里挑一。没想到同学们自嘲起来竟是毫不留余地！吴宇同学对于自己的小眼睛这样自嘲：眼大无神，眼小聚焦！方辉对自己身高的吐槽是这样的：浓缩的那都是精华！连平常比较沉默的惠萍同学竟然也拿自己的长相开起玩笑：别小看我这副尊容，祖传的！

### 专家评析

本游戏的特色是形式的新颖性、任务的挑战性。自嘲，即自我解嘲，属于一种心理防御机制。心理防御机制，最早出自弗洛伊德，指个体面临挫折或冲突的紧张情境时，在其内部心理活动中出现的自觉或不自觉地解脱烦恼、减轻内心不安以恢复心理平衡与稳定的一种适应性倾向。不同于消极主导的逃避机制、自骗机制、攻击机制、代替机制等，本活动让学生开展的自嘲属于建设性机制，主要指个体直面窘境并以幽默的方式化解当前窘境的行为，显得更为积极。通过这种方式，学生得到压力下的自我释放，达成对自我的认同，增强了自信心。同时，尽管活动采用在成员间集思广益的方式展开，但是以幽默的方式接纳个人的困扰、缺陷还是需要个人强大的勇气，任务还是存在一定的挑战性。

## 游戏 10　不一样的树叶

**活动意图**

在心理游戏"不一样的树叶"中，让学生通过从一堆树叶中找回自己的那片树叶，体验到每一片树叶因为生长状况和环境的不同，造就了自身的独特，进而体验到自然界中的生物，尤其是人，都是独一无二的。

**活动准备**

1. 本活动在室内、室外进行均可以，以室内为宜。

2. 准备比参与活动的人数略多的各种树叶（其中最好夹杂着一些斑斑点点、有洞的树叶）及 A4 纸若干。

3. 事先制作秋天落叶美景主题的 PPT。

4. 本游戏适合在初中生中进行。

**活动过程**

以 45 人参加活动为例：

1. 将全体学生分为 4 个组，每组选定组长一人。

2. 课前给每位学生随机分发一片树叶。

3. 播放 PPT。

4. 师生互动：教师提问，学生根据教师的问题进行回答。

问题 1："大家看到的是什么？"

问题 2："这是我昨天刚在小区门口拍摄的秋天的落叶。现在大家手中拿到的树叶便来自这里。如果把大家手中的树叶放回到这堆落叶中，大家觉得能找回自己的这片树叶吗？"

小结："有人觉得可以，大部分人觉得不可以。那接下来，我们进入活动环节，试一试。"

5. 所有人快速把树叶交到组长手中后，回到座位。组长把树叶混合后，重新放置在 A4 纸上。组员快速围圈，找回自己放入的那一片树叶。

提问："找回树叶的同学，你们是怎么做到的？"

6. 小结："每片树叶都是独特的，都有与其他树叶不一样的经历，包括太阳光的照射、昆虫的蚕食，等等。树叶看似平凡，但当我们用心去看，去观察，就会发现它们的不同。树叶如此，在座的各位同学也是如此，我们本身的不同特质和我们生长过程中不同的经历造就了我们的独一无二。"

### 带领经验

本心理游戏为原创作品，属于生命探索类主题。在游戏实施过程中主要采用了小组竞赛的形式。游戏活动中使用的树叶亦可换成其他自然物品，如石头等。游戏活动的具体操作可以根据人数以及事件做调整，带领者要学会灵活应变。以 20 人的团辅为例，带领者做如下调整：将树叶统一放在场地中间，所有学生围圈而坐，找回自己放入的那片树叶。

该心理游戏适用于多种主题，比如自我意识类、生命探索类等。以生命探索类主题为例，该游戏将每片树叶不一样的认知体验导入到个人经历上，使之明白个人经历的独特性。先通过描画正向经历，激发学生的正向力量，唤起了他们对生活的热爱之情，使之有能量积极应对困难。再通过描画负向经历，让学生看到每个人都会经历消极事件，明白了负性事件具有普遍性。

在带领心理游戏时，请注意以下几点：

1. 要适当控制游戏活动的时间，可在课前将树叶发放进学生的抽屉里。

2. 选择的树叶要有斑纹、虫洞等，尽量不选择太光滑的树叶。

### 参与感悟

● 该游戏活动让我意识到，来自大自然的生物都是独特的。我刚开始以为自己肯定找不回放入的那片树叶，但慢慢发现，每样事物看似平凡，却都有它独特的经历。生命真的很特别。

●刚开始,我认为自己肯定找不回那片树叶,当有同学大声说"我找到啦"时,我很好奇,很想知道他们是怎么找到的。但我自己去体验过后,发现原来我也是可以找回自己的那片树叶的,瞬间感觉很惊喜、很不可思议。

### 专家评析

心理游戏"不一样的树叶"通过营造一定的竞争氛围,增强了游戏的趣味性。该游戏从树叶特质的不一样切入到人经历的不一样,让我们看到同一个心理游戏,由于带领者引导的切入点不同,活动带来的感悟、效果就大不一样。

## 游戏 11  性别猜猜

### 活动意图

在心理游戏"性别猜猜"中,让学生快速猜测照片中人物的性别,在不可避免的错误回答中感受到固有经验带来的消极影响,从而了解思维定式的含义。

### 活动准备

1. 本活动适合在室内进行。
2. 准备 7~8 张学生认识与不认识的人的照片,制作成 PPT。
3. 本游戏适合在初中生中进行。

### 活动过程

1. 带领者直接出示活动题目,讲明活动规则。
2. 带领者呈现一组照片的 PPT,让学生快速猜测照片中的人是男生还是女生。大家根据第一反应，快速回答。

播放最后一张照片，要求该张照片人物的形象与其性别呈现明显反差。大家继续快速回答。

3. 带领者提问："在整个游戏过程中，猜测是否出现明显的差错？为什么会认为最后一个是男生（女生）呢，你是根据什么来判断的？"

4. 带领者引出思维定式的含义。所谓思维定式，是指人在分析问题的时候，总是自觉或不自觉地沿着熟悉的方向进行思考。

5. 带领者启发学生思考思维定式的优劣，让学生回答思维定式的积极影响和消极影响分别是什么。

### 带领经验

本心理游戏为原创作品，属于自我意识类主题。在游戏实施过程中主要采用了竞赛形式。创作灵感来自自身经历。我小时候因为名字的特殊性以及着装外形的中性化，常常被人误解为男生，所以我设计了心理游戏"性别猜猜"。游戏活动中的照片可以改为其他内容，比如我曾设计用一系列名字来猜性别，其中最后一个女生的名字很男性化，起到的效果同样震撼。在上思维训练类课时使用该游戏，效果特别好。

在游戏带领过程中，请注意以下几点：

1. 这组照片中的人物以成年前的孩子为宜，其中包括一些大家熟悉的童星和不认识的孩子。最后一张照片要求外形特征（如头发长短、衣着等）与性别相反。带领者如果小时候有这种带反差效果的照片，放自己的照片更容易带动气氛。

2. 带领者在说明游戏的规则时，要注意让学生在回答时说一遍即可，以免造成课堂混乱。

3. 每张照片的播放时间不宜太长，要给学生创造快速做出反应的机会。

### 参与感悟

● 我刚开始认为这个活动很简单，随便参与一下就可以。但老师设置了意想不到的环节，我一下被触动到。其实平时常常会发生类似的情况，经验也经常会让我们出错。做题的时候最明显，我好几次都认为自己做过这些题目，然后想当然地答题，结果发现答案是错的。原来一直以为是自己粗心造成的，现在才明白是思维定式带来的后果。

●没有想到，所有同学竟然都受了思维定式的影响。原本以为是再简单不过的一个游戏，没想到最后来个大反转，太自以为是真的会影响自己做出正确判断。所以，我觉得今天的心理游戏活动对大家很有启发和帮助。

### 专家评析

在心理游戏"性别猜猜"中，设计者旨在让学生体验由于思维定式造成的认知误区，然后学习认真观察、周密思考、准确决定的方法，从而破除思维定式的影响。游戏在设置具体内容的时候很贴近学生，让学生在体验思维定式带来的错误结果时，也体验到趣味性。在应试教育强化训练下的学生，常常受标准答案的影响，讲究所谓的准确率与有效率，容易进入思维定式。所以，该游戏能启发学生有意识地多角度看问题，少点"我认为""我以为"等由狭隘思维造成的片面结论。

## 游戏 12　人生攀登图

### 活动意图

在心理游戏"人生攀登图"中，让学生通过对 1 年目标、3 年目标、5 年目标、10 年目标和 25 年目标的寻找，体验到未来的美好，产生追求目标的愿望，并找到自己追求的目标，从而为他们的学习、生活带来积极动力。

### 活动准备

1. 本活动适合在室内进行。
2. 准备画有五个层级的攀登图和蜡笔若干。

3. 本游戏适合在初中生中进行。

### 活动过程

1. 将全体学生分组，每两位学生为一组。
2. 给每人准备一张五层级攀登图，给每两人准备一盒蜡笔。
3. 在带领者的带领下，学生进行生涯畅游冥想，分别畅想1年后、3年后、5年后、10年后、25年后自己的人生状态。
4. 畅游冥想结束，学生睁开眼睛，把印刻在脑中的五个人生阶段的画面分别画在五层级攀登图上。

要求：

（1）只能用图画的方式表达，可以是具体画面，也可以是线条或符号。

（2）不考验大家的绘画水平，所画的内容只要自己能看懂就可以。

5. 攀登图绘画结束，学生交流分享。

两人一组分享："你描画的是什么？想要表达的是什么？"（一人分享时，另一人不做评判，只可以对于自己不明白的部分提问。）

团体分享："通过自己的描画和小组内的分享，谈谈你的感受。"

### 带领经验

本心理游戏为原创作品，属于生涯规划类主题，创作灵感来自游戏"目标金字塔"。在游戏实施过程中采用了绘画表达和想象引导相结合的形式。虽然大多同类游戏都是以纸笔练习为主，但我学习了表达性艺术治疗后发现，用绘画的形式在有些情况下可以取得意想不到的效果。我们会看到，学生在创作的过程中，便已经开始思考。当然，如果学生没有接触过绘画，也可以从纸笔练习开始。

在带领心理游戏时，请注意以下几点：

1. 该游戏运用到绘画，需要花费较长的时间，带领者要留足时间。
2. 带领者一定要事先强调，绘画过程不考察大家的画工，以免造成学生的焦虑。

3. 也可以把绘画部分改为纸笔练习。绘画与纸笔练习各有优劣，可视具体情况而定。

4. 对于特别强调画技的学生，带领者要引导他们更多地关注内心的真实体验，不要过多地在画技上纠结，不然容易出现偏离主题的问题。

### 参与感悟

●一开始我对自己的目标不是很明确，但通过冥想与绘画的游戏，我的目标更加清晰，并且更加有动力了。感觉这是个很神奇的活动。原本我还在想为什么要用画画的方式，但是在体验中，我发现画的过程也是思考的过程，一边画一边思考，目标更明晰，动力更足。

●有学生反馈，通过同伴的分享，他看到了自己与同学们存在的共性，也看到了自己的独特性。所以，我要更坚定地走自己的路。也有学生反馈，通过同伴的分享，他看到了目标的丰富性，看到了攀登人生之峰的路上需要不断接受挑战。我也暗暗下决心，要在初中最后一年里，突破现有状况，攀登人生新高峰。

### 专家评析

"人生攀登图"游戏有层级性，越往上越难。在游戏中获得的这种心理体验，降低了学生对未来的迷茫感，增加了确定性和动力，能很好地帮助学生认识自己，找到目标，提高自信心。

该游戏因为加入冥想和绘画两种形式，充满了趣味性，能充分调动学生的积极性。

## 游戏 13　秋的味道

### 活动意图

在心理游戏"秋的味道"中，让学生直观地了解树叶在不同时期的变化，在感受变化与不同的基础上，学会接纳人生不同的境遇，学会珍惜当下、感恩当下。

**活动准备**

1. 本活动适合在有落叶的秋季进行。
2. 准备剪刀、固体胶、胶水、透明胶带、8K 油画纸、油画棒、36 色及以上的水彩笔若干。
3. 本游戏适合在初中生中进行。

**活动过程**

1. 寻找秋的颜色

同学们，一晃就来到秋天了。秋天一般是什么颜色的呢？（生：黄色。）那它除了黄色还有其他颜色吗？（生：绿色、红色……）大家说得非常棒，那现在，我邀请大家去我们的花圃（校园）中，寻找 5 片黄色的树叶、5 片绿色的树叶、5 片（朵）你喜欢的其他颜色的树叶（花朵）。10 分钟后，请大家带着它们回到教室。

现在请把你带回的树叶（花朵）按照"黄色""绿色""其他"分成 3 堆摆放。

我们很多不经意的选择都是内心的表达，所以，接下来，让我们好好地感受一下这些不同颜色的树叶、花朵所带来的属于秋的独有颜色吧。

2. 感受秋的味道

请大家把黄色的 5 片叶子放在自己的面前，用手指慢慢地去勾勒它们的形状。这是一片什么形状的叶子？它的上面是干净整洁的吗？有灰尘吗？有伤疤吗？有其他东西吗？如果这些叶子会说话，你猜它们会告诉你一个怎样的故事？现在请你把手中的叶子放回原位，一边放，一边跟它们说：谢谢你们告诉我的一切。

请把绿色的 5 片叶子放到自己的面前，用手指慢慢地去勾勒它们的形状。这是一片什么形状的叶子呢？颜色是深绿还是浅绿呢？请你低下头，去细细地感受它们的气息。你闻到了什么呢？如果这些叶子会说话，你猜它们会告诉你一个怎样的故事呢？现在请把你手中的叶子放回原位，一边放，一边跟它们说：谢谢你们告诉我的一切。

最后，请把你喜欢的其他颜色的树叶（花朵）放在自己面前，用手指轻轻地勾勒它们的形状，感受它们的柔软；用鼻子仔细地感受你对它们发自内心的喜爱，感受它们给你带来的美好。请你对它们表示深深的感谢。

3. 创作"秋的故事"

现在请用你带回来的这些代表"秋的颜色"的树叶和花朵，来创作一幅画——"秋的故事"，表达你对当下生活的想法。你可以用剪刀把这些树叶和花朵剪成你需要的形状或素材，用辅助工具贴在油画纸上，也可以用油画棒、水彩笔来进行修饰。

4. 分组分享

就近组成6人小组，轮流分享。当分享一件画作时，要将其他学生的画作放置背后，确保所有人的目光都聚焦在分享者的作品上。

5. 全员分享

6人小组手拿自己的画作，排成一排，和其他小组相互"串门"，充分交流分享。

6. 赋能与分享

请你寻找在交流中发现的自己与他人作品中你最喜欢的部分，细细感受它带给你的启发和能量。

7. 完善与总结

带着我们崭新的思考和启发，请你完善自己的作品，并给它题名。

### 带领经验

本心理游戏为原创作品，属于生命探索类主题，创作灵感来自带领学生进行秋游活动时，看到五彩缤纷的秋叶，想到了人生的不同阶段。平时设计心理游戏时，我们常常会把素材都准备得很完善，但这次的活动，最重要的素材要由体验者自己去寻找，让他们在寻找的过程中完成情绪的铺垫，获得意想不到的收获。

在带领心理游戏时，请注意以下几点：

1. "感受秋的味道"是整场活动中非常重要的环节，它决定了感受的深度，所以可以采用放松、冥想等其他辅助方式，让学生充分地沉浸其中。

2. "创作'秋的故事'"这一环节，旨在让学生在"感受秋的味道"的基础上进行思考与表达，带领者要注意积极引导，促生精彩的、有内涵的作品。

3. 道具比较多，请保持桌面的整洁，注意摆放的美感。

**参与感悟**

● 当我来到花圃，呼吸着大自然的味道时，我觉得很舒心，似乎感觉到了今天活动的非比寻常。我从这么多的植物中去挑选树叶和花朵的时候，突然感觉到每朵花、每片叶子都具有不同的经历与故事。所以，我小心地、认真地寻找起树叶里的故事。

● 原来我对秋天感觉很一般，甚至不喜欢它。秋天虽然是丰收的季节，但也是凋零的季节，看着渐渐凋落的树叶，不知道为什么我内心会有一点伤感。通过今天的游戏活动，我发现，原来万事都有起落变化，万物也有生死轮回，周而复始地循环，这就是自然规律。

**专家评析**

生命故事对于初中阶段的学生而言，是很难静心感受又急需认识的一个主题。本心理游戏巧妙地运用绘画的方式，让学生借秋天的树叶投射出自己的生命状态，继而从当下的情绪状态生成一个自己的生命故事，又借助树叶画作让学生从旁观者的角度面对并探索自己的故事，并在完善作品的过程中梳理并升华自己的情绪。整个游戏艺术性和趣味性很强，别具一格，让学生明白了欣赏大自然春来秋去的美景，把握人生跌宕起伏的经历，是一种心态，也是一种能力。

## 游戏14　心绘未来

**活动意图**

通过心理游戏"心绘未来",让学生感受了未来的美好,感受自身所拥有的资源和力量,从而让梦想起飞。

**活动准备**

1. 活动场地以室内为宜。

2. 准备36色及以上的彩笔、油画棒、8K素描纸(将素描纸横向放置后,在中间画一个大圆)若干。

3. 本游戏适合在临近毕业考的初三学生中进行。

**活动过程**

1. 画期许

(指导语)现在距离……(如中考)还有……天,这也意味着我们的……(如初中生活)即将结束了。在这非常短暂的时间里,你可能会有很多的不舍,你还有一些事想做,那么请你整理一下心情,问一问自己,在这即将结束的日子里,你有什么样的期许呢?你需要获得什么,拥有什么,才能让你不会后悔,不会留下遗憾呢?如果你觉得想好了,那么请睁开你的眼睛,在素描纸上的圆圈里,用你喜欢的颜色,把你的期许画出来。请注意,是画出来,不能有文字,但你可以用只有你才能明白的符号来代替。如果还没有想好,你可以继续慢慢地想。

2. 画"内在力量"

(指导语)我们的期许在这里。它需要力量才能飞起来,得到实现,这种力量来源于哪里呢?其实我们每一个人都自带强大的能量,它就是你的内在力量。它可能是一种优点,可能是一种性格,可能是一种特质,可能是其他……

伸出你的左手，五指并拢，放在画纸的左边，勾勒出轮廓。你看，这是一只翅膀。接下来，你需要在这只翅膀上画出你人生中最重要的几个内在力量，同时思考这些力量来源于什么样的经历。

3. 画"梦想天使"

其实还有一个翅膀也能带我们飞起来——梦想天使。梦想天使可以是我们的偶像，也可以是我们的父母、朋友；可以是真实的，也可以是虚拟的。他们有一个共同点，就是只要你有需要，他们就随时给你提供帮助和能量……接下来，在画纸上画出你人生中最重要的几个梦想天使，同时思考他们成为梦想天使来源于什么样的经历。

4. 分享和反馈

现在向你的伙伴介绍自己的内在力量和梦想天使，之后你可以选择其中的一种或两种力量，介绍它们背后的故事，让别人更好地认识你，最重要的是，给自己一次进一步认识自己的机会！在认真听完伙伴们的分享后，你们可以带着启发和思考对你们的画进行补充。

5. 觉察和总结

看着你自己的作品，此时此刻，你有什么想对自己说的话吗？请你在画纸合适的位置上，写上一句送给自己的话，并给自己的作品起一个名字。最后重新向大家介绍它。

**带领经验**

本心理游戏为原创作品，属于情绪压力类主题。创作灵感来自表达性艺术治疗。一直以来，我们在探索学生的自我成长之路上常用语言作为工具，但其实用颜色、图案，能弥补语言的匮乏，让学生的情感、思考被更好地"看见"。

在带领心理游戏时，请注意以下几点：

1. 要重视导入环节，导入语言要精练。在导入过程中我们发现有的同学不能很好地进入状态，如果不加以干预，这些学生容易游离于活动之外，这时就要果断加入更直接的引导。

2. 要注意动静结合，避免单一。绘画表达的过程对于沉静不下来的同学而言，可能还是有难度，他们容易有抽离感。根据不同的辅导对象，可以采用不同的创作方式，例如用树叶、花朵等实物来创作。

### 参与感悟

●我特别喜欢用绘画的方式来寻找自己的力量。以前总觉得自己很弱，但是通过这次活动，我在最后欣赏自己的作品的时候，难得有了踏实感："哇！原来我如此'富有'啊！原来我如此'有力量'。"我觉得我能"行"了。

●一开始画翅膀的时候，我其实挺为难的，因为我不知道我还有什么内在力量。但是当我去看别人的画作时，我突然发现"呀，其实这点我也有啊"。尤其是听到别人讲述梦想天使的故事时，我突然对我的爸妈有了愧疚感，其实他们挺爱我的，但我总是嫌弃他们。

### 专家评析

考前焦虑是学生普遍存在的现象。多数学生在陷入焦虑和烦恼时，常常忽视自己所拥有的资源。本游戏以"绘画"为媒介，用非言语的方式帮助学生探索和发现内在资源和力量。这些内在资源不仅包括自己拥有的宝贵品质，也包括身边人给予的支持和鼓励。当学生的内心被爱和支持唤醒时，他将拥有更多的力量和勇气去面对考试带来的挑战。在环节设计中，游戏借助表达性艺术治疗的力量，充分调动了学生的参与积极性，让学生在轻松有趣的方式中学习，在互动中了解他人。

## 游戏15　测试记忆力

### 活动意图

在心理游戏"测试记忆力"中，让学生通过对两个数字相同但顺序不同的数列以及一组字母串进行非机械记忆，体验到主动建构与自身知识相联系的记忆方法，能让记忆效果维持得更持久。

### 活动准备

1. 本活动适合在室内进行。
2. 准备水笔、A4 白纸若干。
3. 本游戏适合在初中生中进行。

### 活动过程

1. 呈现一组无规律的数字：4191799352198098109432707192821407919068（共40个数字）。要求全体学生在两分钟内采用自己习惯的记忆方式记住这组数字，可以出声背诵，但是不能用笔记录。

2. 两分钟后，学生在白纸上写出记住的数字，查看自己的正确率并交流分享。

3. 呈现一组有规律的数字：1184021937319494197851997619997200882020（共40个数字）。要求全体学生在两分钟内采用自己习惯的记忆方式记住这组数字，可以出声背诵，但也不能用笔记录。

4. 两分钟后，学生在白纸上写出记住的数字，查看自己的正确率并交流分享。

5. 引导学生思考：

（1）两次记忆后，写哪一组数字的正确率更高？

（2）两组数字有什么特点？哪一组的数字比较容易记？说明理由。

（3）猜一猜对哪一组数字的记忆会更持久，并说明理由。

6. 将学生分为6人一组，呈现一组英文字母：CEEEUIOOTTNMY。要求小组成员思考如何将这组字母记得更快、更持久（记忆字母的顺序不限，可以打乱），每组限时两分钟。

7. 组内分享，带领者可提供参考：NICE TO MEET YOU（很高兴见到你）。

8. 引导学生思考：

（1）"你曾用过哪些记忆方法，效果如何？"

（2）"如何能够记忆得既准确又持久？"

### 带领经验

本心理游戏为原创作品，属于学习指导类主题，采用了小组竞赛的游戏形式。创作灵感来源于记忆的三种方法：复述、组织、精加工。一开始的对无规律数字组的记忆，大多数学生采用的都是复述法，也就是通常所说的死记硬背法，而被排列成有一定规律的数字组后，就不仅仅是简单地复述，而需要学生寻找规律并与已有的知识相联系了。最后的字母串，是希望成员通过相互合作，采用组织、精加工等记忆策略，与已有的知识体系相联系，加深对材料的记忆。

在带领心理游戏时，请注意以下几点：

1. 在游戏活动过程中，带领者要把控现场，引导学生遵守规则，特别是在记忆的过程中保持独立思考，而不要进行交流。在分享环节学生可以谈谈自己的经验——如何准确记住更多的内容。

2. 每组的限时不一定非得是两分钟，可以根据现场学生做题的情绪来定。如需降低活动的难度，可以在数字组中减少一些数字；如需增加活动的难度，可通过调整数字组合的规律来实现。

### 参与感悟

●整个游戏活动不仅考验我们的联想、归纳能力，也特别考验我们的记忆能力。在第一组的数字记忆中，我在两分钟里就像个无头苍蝇，一直不停地读啊，背啊，但效果很差。在记忆第二组数字的时候，一开始我又准备死记硬背，但读着读着感觉好像有些规律，我把这些规律找出来再记忆时，感觉容易多了，记得准确，也记得更持久。对英文字母串的记忆，我们想了好多种组合方式，不过还是 NICE TO MEET YOU（很高兴见到你）最容易，可能因为我们最熟悉这个组合吧。大概不管过多久，自己都不会忘记这些字母了！

●小懿很厉害，在记忆第二组数字时，我看到他好像很早就发现规律了，竟然全部正确地写出来了！他与我们分享了他的记忆诀窍：把40个数字平均分为 8 组，每组第一个数字为 1~8 的顺序，后四个数字为年份，如 1-1840，1 为顺序而 1840 为年份（第一次鸦片战争）；2-1937，2 为顺序而 1937 为年份（卢沟桥事变）；3-1949，中华人民共和国成立；4-1978，十一届三中全会；5-1997，香港回归；6-1999，澳门回归；7-2008，北京奥运会；8-2020，实现全面小康等。难怪我记不住，有些年份发生了什么事件我还没搞明白呢。看来记忆还跟自己以前学过的知识有关，我也要好好拓宽自己的知识面！

#### 专家评析

本心理游戏的特色在于内容的新颖性与趣味性。不同于适用范围有限的谐音记忆法、歌谣口诀记忆法等，本活动中的记忆方法更贴近学生的日常学习，材料选取范围广，更有利于学生的日常应用。且与学生日常惯用的"虽然不费力、见效快，但效果不持久"的死记硬背法不同，本活动的记忆方法要求将新的记忆内容与自身已有的知识体系相联系，运用相关的知识经验进行记忆，即有意义记忆，它的记忆效果相对更好，准确率更高，维持得也更长久。同时，本活动采用的记忆材料具有一定的趣味性，能更好地激发学生的兴趣。

## 游戏 16　明镜之台

#### 活动意图

在心理游戏"明镜之台"中，通过对困难进行罗列与分类，让学生看到大部分人在适应新生活上都会遇到困难，从而减少焦虑感；通过小组讨论，帮助学生找到解决困难的方法。

#### 活动准备

1. 本活动适合在室内进行。

2. 准备 A4 白纸若干。

3. 本游戏适合在初中生中进行。

**活动过程**

将全体学生分为若干个 4 人小组，每组推选一名组长。

1. 活动导入："大家进入初中已经有一段时间，接下来，我想对大家做个了解。请你将进入初中后在学习生活等方面遇到的困难写在白纸上。也许有些困难已经得到解决，有些正在发生，请把它们都写出来。"

要求：在每个困难后面给其困难程度打个分（1~10），分数越高，表示困难程度越大。

2. 学生活动：小组内交流，每个人说一说自己遇到的困难，并说明一下当时感到的困难程度以及现在是否已经解决。

（1）小组内所有同学分享完后，大家对困难做一个归类（学习类、日常生活类、人际关系类、其他）。

（2）大团体分享：小组组长将组员遇到的困难按类别做一个陈述，如学习类主要包括哪些具体问题。后面分享的小组对前面小组没有提到的具体问题做补充，相同的部分不重复讲。

3. 活动小结：

（1）请学生思考并回答，经过小组内和大团体的分享，自己有什么新发现。

（2）带领者小结："把大家遇到的困难归纳一下，发现主要集中在学习、日常生活、人际关系等方面。大部分同学或多或少会在某个或某几个方面遇到困难，有些同学能很快走出来，适应学校生活，有些同学还陷在其中。接下来，我们来看看，是什么帮助自己快速地解决了当时的困难？我们需要做些什么，才能帮助还处在困境中的同学走出来？"

（3）分组讨论：

每个小组分配到一个困难主题，针对这个困难主题及遇到的具体问题，大家一起讨论应对方法（应对方法有态度、行为、方式等方面）。

小组派代表分享方法，同一个主题的小组一起分享。

小结:"方法总比困难多。我们能看清遇到的困难,并且正确看待困难时,离解决困难就不远了。大家的交流分享、集思广益,相信会给在座同学以新的启发与方向。"

### 带领经验

本心理游戏为原创作品,属于环境适应类主题。在游戏实施过程中采用了小组分享与讨论的游戏形式,帮助学生看到问题的普遍性,从而能在一定程度上缓解一部分学生的焦虑。如果将活动放在九年级毕业班学生中进行,引入和具体操作部分则需要做一些调整。如引入指导语:"我们即将毕业,进入高中,对于即将到来的高中生活,你们有哪些担忧、困扰等?"

在带领心理游戏时,请注意以下几点:

1. 在小组活动时,要发挥好组长的作用,包括组织活动、维持讨论纪律、提高学生参与度等。

2. 在讨论应对方法时,带领者最好做个示范,帮助学生明晰方法是多维度的,以拓宽学生的视角。

### 参与感悟

● 通过同学的分享,我可以更常态地看待自己面临的困难了,而不是纠结在其中走不出来。不管是小组分享,还是团体分享,都帮助我看到了解决困难的更多可能性。从其他同学那里,我学到了解决问题的方法,也增强了解决问题的自信心。

● 大家的分享,让我们看到了困难的普遍性。小组成员群策群力提供的方法,都值得我们一试。集体分享的环节真好!记得有一句话是这样说的:"一个人走可以走得很快,一群人走,可以走得很远。"通过活动,我们真实地体会到:一个人的智慧是有限的,群体的智慧是无限的。

### 专家评析

本心理游戏指向发展性目标,小组的分享,让集体在其中发挥至关重要的作用的同时，也让学生学会了在集体中寻找解决问题的方法，从而提升自身的适应能力。

同时，该游戏通过团体的力量，帮助学生看到了适应问题在学生中的普遍性，能让学生以平常心看待自己的问题。

## 游戏 17　向梦想出发

### 活动意图

在心理游戏"向梦想出发"中，引导学生描绘梦想并相互交流，加强学生对实现梦想的渴望；通过创设探索梦想的环节，让学生感受寻找梦想的不易以及坚持梦想的意义。

### 活动准备

1. 本活动适合在室外进行，可根据场地大小准备适量的障碍，如凳子、桌子、绳，等等。

2. 给每位参与者准备一张 A4 白纸、一支笔和一个空白号码牌。

3. 本游戏适合在初中生中进行。

### 活动过程

1. "我的梦想"

将全部学生分成若干个小组，以 5~6 人为一组。每组围成一个圆圈坐好，每人在自己的 A4 纸上用简笔画的形式描绘自己的梦想或者是梦想中的生活状态。完成后在小组内进行交流。

2. "梦想的障碍"

交流完成后，每个小组在大场地中选择一片区域作为自己的梦想障碍场地，运用所准备的障碍物资在场地内设置障碍，并规定起点与终点。

3. "梦想探索"

小组完成布置后，每位成员获得标号从1到6（或者5）的号码牌并将其别在自己的背后，依次参与梦想探索活动。1号选手站在起点蒙眼后，将自己的梦想纸张交到2号手中。2号喊着"Dream Dream Go"慢慢离开起点，在某一个他认为合适的位置放置好梦想纸张，然后停止出声。随后1号原地转5圈，然后蒙眼出发。在这个过程中，所有成员都要大声地喊"Dream Dream Go"，如果1号离目标越来越远，就要越喊越小声，直到他找到为止。然后2号站在起点蒙眼将梦想纸张交给3号……根据上述流程进行游戏，直至所有成员全部完成。

4. 所有小组全部完成后，恢复大组，围成大圈，每个成员都做感受分享。

### 带领经验

本心理游戏为原创作品，属于生涯规划类主题，采用了情境模拟、团队协作、想象引导等方式进行游戏设计。如果时间允许，要对喊口号指引方向的成员做一定的培训指导，确保他们给出的指令清晰。同时要明确规定，除了"Dream Dream Go"这个指导语外不可以采用任何其他口号。在活动的最后，一定要进行感悟分享，不然该游戏对部分学生来说可能会变成一个纯粹的体能活动了。

在带领心理游戏时，请注意以下几点：

1. 在书写梦想时，需要有前期的铺垫；书写完后要给足时间让学生向组员描述，使其在描述中对梦想产生更深层次的渴望。

2. 在障碍设置上要注意安全，不能太难而导致在有限的时间内难以完成任务。

3. 选手离梦想纸张的距离远近与成员喊口号的声音大小要成明显的反比，这样的指引更有效。

### 参与感悟

● 在听规则介绍时我以为这是个体能游戏，觉得应该很简单。在书写梦想的环节，因为有前面课程的铺垫，我还挺明确自己想要的是什么的。

但因为梦想这个东西本身就是很遥远的，我觉得自己还在初中阶段，还有很长的时间去慢慢实现，所以我没有思考过达成梦想的路途会是什么样的。当我交出梦想，听到它慢慢地远离我，然后再开始寻找的时候，我产生了尽快找到它的坚定想法。从开始转完圈后的晕乎乎到后面的失去方向感，只能循着成员的声音开始移动，这个过程充满了困难，但确实很有意思。

●这个心理游戏在我的想象中是一个简单的活动，因为障碍是自己设置的，每组设置得并不难，就算戴了眼罩也应该很轻松就能到达目的地。可是我转完圈后的感受，就很像我们目前知道自己要追寻什么梦想，可是不知道怎么出发、往哪个方向走、怎么做的迷迷糊糊的状态。这个时候，成员的声音成了唯一的指引，我只能逼着自己选择一个方向试一试。错了的时候，成员的声音会变轻，让我意识到自己的尝试是错误的，转而走向其他方向。好不容易找到正确的路，我听到成员的声音告诉我，梦想就在附近了，可是障碍干扰着我，我只有越过障碍才能实现梦想。这个过程不正象征着我们寻求梦想的过程吗？

### 专家评析

心理游戏"向梦想出发"的特色在于其活动的趣味性和任务的挑战性。游戏采用蒙眼穿越障碍的方式，富有趣味性，能调动学生参与的积极性，激发他们主动投入的热情。游戏任务同时具有一定的挑战性，想要快速完成任务，就需要成员提高自身的专注力，需要团队内部密切沟通与协作。游戏设计了三个环节，让学生先描绘自己的梦想状态，再设置梦想障碍，最后艰难地达成梦想，在一种沉浸式的体验中将每一个环节与寻求梦想的过程相勾连。当所有学生完成了任务，坐在一起交流自己的感受时，一种"实现梦想的过程是艰难的，我们要努力地去达成"的统一感受就在这个团体中弥漫开来了。

## 游戏18 拼贴我自己

### 活动意图

通过心理游戏"拼贴我自己",帮助学生进一步了解自我的外在特点和内在特质。在拼贴自我的过程中,通过对自我形象的构建,进一步认识自我;在解读作品的过程中,通过对元素的剖析,探索和思考自己的感受。

### 活动准备

1. 以室内活动场地为宜,最好配有桌子。
2. 准备读者对象为青少年群体的杂志若干。
3. 给每人分发一张A3大小的卡纸、一把剪刀、一支固体胶、一支彩色笔。
4. 本游戏适合在初中生中进行。

### 活动过程

1. 带领者站在活动场地的中间,阐明本次拼贴的主题:"我是一个怎样的人?"
2. 带领者引导学生利用分发到的材料进行拼贴创作。可以剪下任何图案、字体粘贴在卡纸上。拼贴限时10分钟。
3. 学生轮流上台展示自己的拼贴作品,先由别人说出看后的想法与感觉,再由展示者解释创作的原因与动机。
4. 带领者选择2~3位学生分享收获和感悟。

### 带领经验

本心理游戏为原创作品,属于自我意识类主题,创作灵感来自经典的心理课堂活动——我的自画像。在"我的自画像"活动中，学生通过绘画这种表达性艺术治疗的方式来发现自我、总结自我。而本游戏在原来的基础上，采用了杂志拼贴的形式，更加新颖且更具趣味性。

在游戏带领过程中，要注意以下几点：

1. 在开始的引导环节，可给予学生一些时间深入思考"我是一个怎样的人"。

2. 在游戏过程中，要告知学生玩拼贴的最终目的不是呈现美观的作品，而是真实反映出自己内心的想法。

3. 在别人展示拼贴作品时，带领者要引导其他学生仔细观察，特别是发现作品中有哪些能体现人物个性特点等内在品质的地方。

### 参与感悟

●刚拿到杂志时，我觉得杂志中的内容好像跟我的关系不大，没有什么特别适合我的素材。但经过几分钟的思考后，我突然想到可以把文字剪下来拼凑成一些句子，毕竟杂志最不缺的就是文字了！我觉得我还是挺有创意的，这不，又发现了我的一个"隐藏"特点。另外，在创作过程中，一开始我是比较犹豫的，虽说我们都是最了解自己的，但让我详细地讲，我又觉得很有难度。我需要努力去思考，我到底是一个什么样的人。就是在这样的过程中，我更深入地探索了自己，也更客观地总结了自己。

●这个心理活动除了帮助我们了解自己之外，更有意思的是在最后呈现作品时，你会发现每个人都是那么地具有创造性！且每个人的作品风格不同，反映了他们本身性格的不同。有些理性的同学喜欢用文字表达，有些感性的同学则更多地运用到图画等形式；有些外向的同学用到的色彩活泼鲜艳，有些内向的同学创作的作品色彩比较单一。通过作品，我对其他同学有了更进一步的了解，这不仅仅是通过语言可以表达的，我觉得非常有意义。

### 专家评析

心理游戏"拼贴我自己"适合初中阶段的学生参与。因为初中阶段的学生，情感内容日渐丰富，但他们对自我的认知尚且肤浅，心中还没有建立起一个完全稳定的自我形象，而这个游戏可以帮助他们更好地构建目前现实中的自我形象。心理学理论"周哈利窗"认为，人可以分为"开放我""盲目我""隐藏我""未知我"。平时我们通过文字语言表达的，更多的是"开放我"的部分，而这个活动可以通过类似艺术表达的形式，帮助中学生更好地探索发现自我的其他部分，专业性很强。

## 游戏 19 夺取宝物

### 活动意图

通过心理游戏"夺取宝物"，帮助学生探讨如何在得与失之间获得内心的平衡：在获取成功的时候，体会得到的快乐与价值；在面对失去的时候，学会理性看待和分析。

### 活动准备

1. 本活动在室内、室外进行均可以，以宽敞的活动场地为宜。

2. 在活动开始前，告知每位学生带一样自己心爱的小物件，重量、体积不宜过大。

3. 本游戏适合在初中生中进行。

### 活动过程

1. 将全体学生分成若干个小组，每组5人，分别编号1、2、3、4、5。小组成员围坐成一个圈，在每组前面的地上各画个圈代表宝库，在宝库中放入组员们所带的小物件作为宝物。

2. 小组成员轮流介绍宝物对于自己的意义和价值。经小组成员商议，选择三件宝物放入公共宝库中。

3. 带领者喊编号，如当带领者喊2时，则各组编号为2的学生出列，立刻到公共宝库中去抢宝物并将宝物放入自己的宝库中，其他成员可在旁出谋划策或加油，但不得参与其中。

4. 第一轮结束后，分别请一位失去宝物的学生和一位得到新宝物的学生谈谈感想。活动共开展三轮。

5. 活动结束，安排总结讨论，交流游戏活动过程中各自的感悟，以及如何在得与失之间获得内心的平衡。

带领经验

本心理游戏为原创作品，属于自我意识类主题，创作灵感来自游戏——夺宝奇兵。游戏的重点在于讨论引导的环节。对于初中生来说，带领者需要引导学生把游戏中的"宝物"类比为生活中对自己很重要的东西，帮助学生从游戏中感悟生活哲理，体会如何辩证看待得与失，学会如何在得与失之间获得内心的平衡。

在游戏带领过程中，请注意以下几点：

1. 由于整个游戏活动比较考验学生的即时反应能力，因此在解读规则时要确保每位学生都听清楚了。

2. 活动场面较为热烈，要提醒学生遵循安全原则。

3. 在最后的讨论环节，带领者需要充分发挥启发引导的作用，帮助学生深入思考与探索，形成自己的感悟与体会。

参与感悟

●游戏活动的规则虽然简单，但是玩起来非常有意思，能让人从这个简单的活动中体会一些深奥的道理。让我印象最深刻的是，轮到我去抢公共宝库中的物品时，我觉得非常有压力。因为我知道每个宝物都是同学心爱的物件，去抢别人的宝物有种"掠夺"的感觉。有些同学下手很快，当轮到我时只剩三件宝物了，我选择了一把折扇。在后来交流时我才知道，这把折扇对一位同学来说有很重要的意义，是她小升初时同桌送给她的礼物。于是我提出把这个宝物还给那个组，我们组的其他同学也纷纷支持。我觉得还是挺感动的，对我们来说，虽然失去了一个宝物，但是收获了内心的满足感。

●这个心理游戏让人觉得很尽兴！比速度，每个人的积极性都被调动了起来；谈感悟，每个人内心的想法都被挖掘了出来。在最后的讨论环节，有不少同学都说到自己心爱的宝物被别人抢去了，这样的滋味的确非常不好受。但在生活中，我们又何尝没有这样的体会呢？不管着眼于生活的大事件，还是小细节，我们总是在得失之间不断徘徊。但对我们而言，真正宝贵的其实不是外在的东西，而是在经历得失后依然能保持上进的那颗赤诚之心。

### 专家评析

心理游戏"夺取宝物"，是一个能够较好地调动团体气氛的暖场活动，亦是一个可以深入挖掘学生内心的活动。让学生从小小的游戏活动中，获得深深的感悟，是团体辅导游戏希望达到的重要目标之一。但是，能否达到目标，与带领者的引导能力有很大的关系。因此，建议带领者准备活动时，可以根据团体的情况，有一些预设性的提问，如："当心爱的宝物被别人拿走时，你有什么感受？""失去宝物固然令人难过，但换个角度，你有没有获得什么？""面对一些东西的失去，我们应该怎样调节好失落的情绪？"这些引导语都可以很好地启发成员思考并形成内心的感悟。

## 游戏20 组词多又新

### 活动意图

在心理游戏"组词多又新"中，让学生通过轮流给某个字组词，体会发散思维的含义；让学生通过从不同角度思考答案的多样性，理解发散思维的一些特性，如流畅性以及新颖性。

### 活动准备

1. 本活动在室内、室外进行均可以。

2. 准备一块白板及一支白板笔；准备若干个中心字，如"花"等。

3. 本游戏适合在初中生中进行。

### 活动过程

1. 全体学生围坐成一个圈，带领者呈现写有中心字的白板。

2. 带领者随机选择一名学生开始为中心字组一个词，可以是名词、动词、形容词、诗词、名言警句等，尽可能组一些让人耳目一新的词语。

3. 随后，以这名学生为起点，按顺时针方向，每个成员轮流组一个词（不能重复）。

4. 所有学生开始抢答，学生留意自己组出的词的数量。

5. 活动结束后，引导学生讨论：如何组更多的词语，如何组更新颖的词语？

6. 第二轮开始，换一个中心词，想出尽量多和高质量的词语……

### 带领经验

本心理游戏为原创作品，属于学习指导类主题，采用了小组竞赛的形式开展。创作灵感来源于常见的成语接龙游戏。成语接龙游戏以某个成语为发端，要求接龙成语的词头与上一个成语的词尾为同一个字（或读音相同），主要考查词汇量的多少和反应速度的快慢，对初中学生而言略有难度，需要的时间较长。所以，本游戏活动从一个字出发，组不同的词，既降低了难度，也增强了学生的自信心：我能做的比我想象中的多得多！同时，对词语质量的探讨，也让学生开始重视提升自己的思维品质，努力呈现更优质的答案。

在带领心理游戏时，请注意以下几点：

1. 在游戏过程中，带领者需要把控现场，特别是在轮流组词环节，要引导学生给他人留思考的空间，遵守规则，不要抢着回答、替代他人回答等。

2. 在轮流组词环节，当有学生卡住说不上来时，带领者需引导学生放松心情；但如果仍卡住，可先跳过，等其他学生回答过后再由该学生回答，也可鼓励该学生进行现场求助。

3. 在选择组词的中心字时，尽量挑选一些生活中出现频率高、可组词较多、难度较低的字，如"花"等。

### 参与感悟

●游戏活动不仅考验了个人发散思维的流畅性——词汇量的多少、反应速度的快慢，而且考验了个人发散思维的新颖性——组词的独特性。组一个词很简单，但每个人轮流组词就难多了，不仅需要有丰富的词汇量，反应还得快。在抢答环节，因为担心词被别人说完了，我们都很激动，而在这种心境下，再要想出一些别人想不到的词语，难度就更大了。当然，活动进行到最后，我们发现这种担心是多余的，因为大家的词汇量是很丰富的！

●樱樱同学真是太牛了，在轮流回答环节，她一个人说十几个词。在给"水"组词时，我被液态水的思路限制住了，她却从新的角度组出"水性杨花"一词。在给"花"组词的时候，她也能跳出"红花""黄花""玫瑰花""茉莉花"这些常规的角度，组出"花非花，雾非雾""昙花一现""走马观花"等词。

### 专家评析

本心理游戏活动规则较为简单，围绕一个字展开不同的思考进行组词，突出一个"多"、一个"新"，象征了发散思维的两个特性：流畅性以及新颖性。而且，学生对组词的考虑从一开始的求"多"，逐步变成求"新"，提升了思维的难度。在这个抢答的过程中，学生的思维也会相互启发，形成更优质的答案，这比让学生独自思考更有利于发散思维。

# 三

# 高中生心理游戏篇

　　高中阶段是人一生中的黄金时期，在这个时期，人的身心依然发展迅速，较初中阶段更为成熟，但身心发展不平衡导致的心理矛盾依然存在。高中生的逻辑思维、想象力有了一定的发展，创造性思维日趋完善，但因批判性还不够成熟，所以思想容易带有一定的主观性和片面性。他们的情绪调节能力也有了较好的发展，具备一定的理智，但情绪上仍有较大的波动性，易冲动，缺乏一定的自控能力。他们的自我意识也正迅猛发展，自尊心强烈，自我评价趋于成熟，但也容易自卑。他们开始关注自身的个性特征，逐步探索自身的性格、兴趣、特长等，能正视个人的能力倾向。同时他们也开始初步探索人生的意义、个人的理想等，逐步形成个人的价值观、人生观、世界观。

　　因此，基于高中生的心理发展特点，本篇重点呈现的游戏主题包括自我意识、生命探索、生涯规划、学习指导等，旨在有针对性地引导和促进学生的身心发展。

　　为了更好地发挥心理游戏的效用，在实际操作过程中必须注意以下三点：活动主题要有一定的深度，能符合学生思维、情感、自我认知等发展的特点；活动内容要有一定的广度，能关注到大多数学生的成长需求；活动讨论中问题的设置要有一定的难度，既能激发学生探索的兴趣，也能促使其进行深度思考。

## 游戏1 火情逃生

**活动意图**

通过心理游戏"火情逃生"创设的危急情境,让学生意识到成功脱险的关键在于同学之间在竞争中合作,学会合作共赢;同时,让学生体验到要达成共赢,需要团队内部的良好沟通和小组成员的分工协作作为保障。

**活动准备**

1. 本活动在室内、室外进行皆可以。
2. 准备火情逃生用的细口瓶、支架、酒精灯各若干(根据小组数确定),系有细绳的巧克力若干(视学生人数而定),计时器一个。
3. 本游戏适合在高中生中进行,特别适用于新生入学时的团建活动。

**活动过程**

1. 将学生分成若干个小组,每5人为一组,小组围坐。
2. 观看相声视频:五官争功。
3. 模仿相声,并选择1~2个小组上台表演。
4. 火情逃生:每组将细口瓶放在铺有石棉网的支架上,下面放一个酒精灯。每位学生将细绳系在巧克力上。请每位学生将系有细绳的巧克力放入自己组的细口瓶里,手握细绳一端。教师点燃酒精灯并说明游戏规则:"巧克力代表我们每一个人,我们住的一所大房子——细口瓶发生了火灾。在熊熊烈火烧毁这所房子之前,大家要想办法从房子狭小的出口逃出来。"每组要保证每一位学生都能成功脱险。在活动过程中,一定要注意安全,防止酒精灯、细口瓶等翻倒。学生分组体验火情逃生的游戏。教师计时,根据所用的时间来决定胜负,用时少的小组为获胜组。
5. 小组讨论:完成本游戏活动的要领是什么?

（1）速度最快的一组说说成功的感受与思考。

（2）速度最慢的一组说说失败的感受与思考。

（3）速度中等的一组说说在活动过程中的感受与思考。

## 带领经验

本心理游戏是原创作品，属于竞争合作类主题，创作灵感来自化学实验。无论是在认知层面，还是在行为层面，很多学生都有着强烈的竞争意识。在这种情况下，恶性竞争带来了冲突、对立、内耗，使学生的学习效率下降，人际关系紧张。而对于学生成长而言，不仅需要竞争意识，也需要合作能力。本心理游戏活动，不仅让学生体验了合作带来的成功，还增进了同学之间的感情，促进了同学的融合。

在带领心理游戏时，要注意以下几点：

1. 在火情逃生的游戏中，要注意保障学生安全，并讲好规则，以免出现混乱情况。

2. 要引导学生在游戏过程中体验合作的力量，并在合作过程中提高竞争力。

## 参与感悟

●眼看着酒精灯的火燃烧着，我似乎感受到了传递过来的热量。我想尽快出来，就用力拉了下绳子，没想到同组的灵灵也着急想出来，我俩直接被卡在了瓶口。我看了一眼灵灵，示意她先出来，我给她让路。她也领会了我的意思，三两下就灵活地出来了。以前的学习经历让我觉得，我和同学之间是竞争关系，比如面对考试成绩，同学进步就意味着我退步。通过这次游戏的体验，我深刻感受到了只有合作才能顺利完成任务。

●这么一个时间紧张、情况"危急"的心理游戏活动，不通过合作是完成不了的。而合作让我对一些同学有了新的认识，平时给人感觉不怎么善于合作的同学在这样的活动中也展现出了较好的合作精神。特别是张敏同学，他提出的建议非常有用，是我们组成功的关键。

**专家评析**

一个人不可能独立地在社会中生活，人与人之间的合作是社会生存和发展的动力，同时也是个人不断进取的捷径。尺有所短，寸有所长，我们每个人都有自己的弱点和缺点，同时又都有各自值得称道的地方，只有将大家的优势组合起来，才能更加顺利地完成任务。合作可以给我们智慧和力量，让我们有更大的能力和勇气去面对困难与挑战。

本心理游戏充分体现了群体动力心理学理论，在群体氛围下，同学们更加深切地感受到了竞争与合作之间的关系。

## 游戏 2　描绘未来之路

**活动意图**

在心理游戏"描绘未来之路"中，通过引导学生为自己人生的各个阶段设立发展目标，描绘未来之路，让他们为自己的发展理清思路，并准备好为实现未来目标而努力。

**活动准备**

1. 本活动适合在室内进行。
2. 准备 A4 白纸、彩笔若干。
3. 本游戏适合在高中生中进行。

**活动过程**

1. 体验活动——描绘我的未来之路

每个人的人生之路都各有各的精彩。你的未来是什么样子呢？今天我们来为自己画一条未来之路。具体操作步骤如下：

（1）在白纸上端中央写上"××的未来之路"。

（2）在白纸的中央从左到右画一条直线，具体长度由自己决定。然后在直线的最右端画上一个箭头，使它成为一个矢量。

（3）线条的左端代表现在时刻，在此处写出自己目前的状况：你的学习、你的家庭、你的兴趣等。

（4）以10年为一个阶段，请描绘出自己未来每10年的情况（包括学习、职业、休闲生活、家庭、人际关系、社会责任等方面）。

（5）将以上所需要完成的任务按照重要性排列，给自己认为最重要的三个目标标记上1、2、3。

2. 小组分享

请同学们分享自己的未来之路。

（学生们在交流过程中表现得非常踊跃，对自己的未来进行了畅想，青春年少的他们写出了自己在不同阶段的生活目标：有想出国留学的，有愿意从事音乐工作的，有选择环球旅游的，还有愿意收养流浪狗。学生们的想法大胆而又充满着希望。）

3. 自我探索

（1）从现在开始，未来10年之内，你最想实现的三个目标分别是什么？你会为此具体做些什么？在这期间你会遇到什么困难，你准备如何应对呢？

（2）过去的你、现在的你、未来的你，这三者之间的关系如何？它们三者的关系对你的未来之路有何启发？请给出你的看法和理由。

### 带领经验

本心理游戏是原创作品，属于生涯规划类主题，灵感主要来自平时给学生做个案心理辅导的经验。在辅导过程中，很多学生心气过高，职业梦想太高远，导致在现实生活中容易受挫；也有一些学生比较迷茫，不知道未来的发展方向。随着年龄的增长，学生开始逐渐将理想和现实生活相联系。他们逐步感到，理想不仅是对未来的畅想，更重要的是基于现实对未来的规划。本游戏的出发点就是根据高中学生的理想特点，引导学生设计自己的未来，联系现实思考自己的未来。

在带领心理游戏时，请注意以下几点：

1. 要引导学生围绕理想的目标并联系现实进行考虑。

2. 要启发学生意识到当下学习与未来的关联，使之明白为了实现未来目标，他们现在必须做出应有的改变和努力。

### 参与感悟

● 通过心理游戏，我对自己的生涯目标有了比较明确的思考，对自己的发展路径更加清晰，不再迷茫了。经过自我探索，我也调整了自己的一些目标，这样更符合自己的实际情况。比如我以前就不会考虑家庭因素，觉得不管怎样，家庭必须要给予我支持，现在我发现并不一定是这样的，没有家庭支持的发展有困难，但有家庭支持的发展未必一定顺利。自己的努力是第一重要因素，家庭的支持只是辅助因素。

● 在画未来之路时，我发现吴浩同学画了一条线后，就久久没有动笔了。交流的时候，我们问他怎么回事。他说自己很迷茫，不知道未来会怎么样，感觉就算把一些学习上的目标写下来，也不一定能实现。不过当听了组内其他同学的分享后，他倒是受了一点启发。他发现好几个同学其实对未来也不是那么明确，但他们觉得可以先勇敢地写下来，然后再去考虑现实性、可能的困难，等等，最后通过努力，让自己的未来慢慢清晰起来。

### 专家评析

每个人，不管是学业有成、家庭幸福，还是事业辉煌，都渴望成功，渴望拥有不一样的人生。那么，人生中最大的目标是什么呢？又该如何实现自己的目标呢？大家似乎都很茫然。学生整日埋头苦读的同时，缺少明确的方向和远大的志向。本游戏活动通过引导学生画"未来之路"，让他们对各个阶段的生涯目标进行思考，并结合自我提问将目标与现实联结，这有利于学生树立更符合自身情况的目标。

## 游戏3 优势在哪里

### 活动意图

在心理游戏"优势在哪里"中,让学生通过认识自己身上最重要的五种优势,并对这些优势的重要性进行排序,从而更加明确自己的优势;让学生通过交流分享,彼此启发,相互学习,从而感受到每个人都有独一无二的特点,增强自信。

### 活动准备

1. 本活动适合在室内举行。
2. 给每人准备 A4 纸一张,铅笔和水性笔各一支,彩笔一盒。
3. 本游戏适合在高中生中进行。

### 活动过程

1. 分组

请大家按照自我意愿分成 5 人小组,并确定一名组长。

2. 写下五个优势

世界上有一个具有无限潜力的金矿,那就是你自己。请大家认真想一想,在你身上最重要的五种优势是什么呢?想好后将它写到纸上。

请注意独立思考,不要交流,也不要受他人影响。写完后在小组内进行"我的优势"交流并说说具体的理由。其他同学可以说说自己的看法,例如该同学对自我优势的认识是否客观。听了其他同学的发言后,在认真思考的基础上对你所写的内容加以修改。修改的机会只有一次,所以一定要慎重。

3. 画出优势同心圆

请大家用铅笔在纸上画五个优势同心圆,然后把自己的五个优势按照你认为的重要程度，从内到外依次写在圆圈中。

4. 把自己的优势和心中的贵重物品相匹配

请大家给每个优势匹配一件你拥有的贵重物品，并在小组内说说理由。

5. 给自己的优势同心圆涂色

请大家用彩笔将不同的优势同心圆涂上你喜欢的不同颜色，并在小组内说说理由。

6. 全体同学交流

（略）。

### 带领经验

本心理游戏是原创作品，属于自我意识类主题，创作灵感来自生涯规划教育中学生的自我优势发现活动。通过澄清和发现自己的优势，并对自己优势的重要性进行排序，学生们深切地体会到：世界上的每个人都不可能十全十美，也不可能一无是处，要学会全面评价和接纳自己，做一个能清醒认识自己的优势同时又喜欢自己的人。

在带领心理游戏时，请注意以下几点：

1. 要启发学生进行自我优势的澄清，在和同伴交流中发现自我的优势，在对优势进行排序的过程中，更加懂得珍惜优势。

2. 如果有学生出现一个优势都找不到的情况，带领者需要做好启发、引导工作。

### 参与感悟

● 在游戏过程中，我深切地感受到自己有一些潜能可以被挖掘，感觉到自己是独一无二的，更加喜欢自己的独特性了。与此同时，在和别人交流的过程中，我发现了一些并不曾被自己认为是优势的优势，这也让我更加自信了。

● 通过游戏活动，我发现了更多小伙伴的优势，其中有些优势是我以前并没有意识到的。经过小伙伴说明，并把优势和他的贵重物品进行匹配，我深切地感受到，判断一个人优势的标准更多地应建立在他的总体能力的基础上，而不仅仅是建立在他人的评价或者和他人比较的结果的基础上。

**专家评析**

在纷繁复杂的生活中，人们经常会在别人的评价和同别人的比较中渐渐感觉失去了优势，长期下去，对自己的评价就失去了正面性，从而导致负能量过多，失去活力，失去自信。本心理游戏通过简单的几个过程让学生进一步澄清和发现了自己的优势；并通过对自己的优势进行排序和匹配贵重物品，让他们更加珍惜自己的优势；最后通过同伴交流，让他们得到了肯定，获取了正能量。

## 游戏 4　智取文具盒

**活动意图**

通过心理游戏"智取文具盒"，培养学生多角度思考问题的能力，让学生有发散性思维的意识，从而提升学生的创新能力；让学生体验到突破思维定式的重要性，积极挖掘自我突破的潜力。

**活动准备**

1. 本活动适合在室内进行。
2. 课前布置每个小组学生准备椅子、扫帚、文具盒、长 16 米的绳子、杯子、剪刀、胶带、书和报纸各一份。
3. 本游戏适合在高中生中进行。

**活动过程**

1. 将全班学生分成若干个小组，每小组大约 5~7 人。

2. 每组选一名自愿体验者，要求体验者立刻离开游戏场地，不能听到小组成员的交谈内容，也不能看到小组成员的动作。

3. 布置道具：把椅子放在开阔场地的中心位置，同时把一个文具盒放在椅子上。以椅子为圆心把绳子围成圆形，圆的直径以4~5米为宜。

4. 游戏任务：从椅子上取走文具盒，要求不能跨入绳子围成的圆圈中，只能利用扫帚获取文具盒，并且文具盒不能掉落地面。

5. 挑战任务：

把扫帚交给自愿体验者，其余队员观看他如何完成任务。当体验者采用的方法明显不妥时，可让他寻找其他办法解决问题，或允许他用扫帚头钩住椅子腿，把椅子拉到绳子边缘，取下文具盒。

体验者解决问题之后，大家祝贺他，同时说明那种方法不是你们所期望的。把椅子和文具盒放回原处，让他用其他办法再试一次。一直做下去，直到他采用了你们期望的方法：把扫帚的柄拧下来，用较细的一端把文具盒挑出来。

6. 再来一次：重新摆好道具，换一组参加游戏。要求第二个自愿体验者按照同样的规则去做。但这次他可以利用所有道具，包括扫帚。

让体验者一直做下去，直到他采用了你们希望的方法为止。这样或许会占用一些时间，但相信你们最终会成功的。

7. 组内讨论：

（1）在游戏过程中自愿体验者采用的第一种方法可预知吗？为什么？

（2）在游戏过程中自愿体验者有何感受？他想出办法但被告知是错误的时，有何感受？

（3）在游戏过程中，其余组员看到了什么？

（4）给后来的组员许多不相关的道具，公平吗？实际工作中有过此类现象吗？

（5）如何将游戏和实际学习联系起来？

**带领经验**

本心理游戏为原创作品，属于创新实践类主题，创作灵感来自数学中的一题多解。在听数学老师上课的时候，我发现学生的思维定式问题比较突出，思维模式经常固化，于是想通过心理游戏的方式，让学生去突破一下思维定式。在游戏过程中，参与游戏者需要站在旁观者的角度去思考如何解决问题。

在带领心理游戏时，请注意以下几点：

1. 在刚布置任务时，很多学生往往会不以为意，觉得可以很轻松地完成。但是他们亲自尝试后会发现，任务并没有他们想的那么简单。当自愿体验者绞尽脑汁想办法时，要让其他组员写出自己能想到的所有办法，但必须保持沉默。

2. 当有学生经过多次尝试却仍然失败，准备放弃时，带领者要及时对学生进行鼓励，引导学生发挥自身的潜能，开动脑筋思考，这对于自信心的培养十分重要。

### 参与感悟

●在游戏过程中，我深刻体会到了发散性思维的重要性。在平时的学习和生活中，我们经常被思维定式所束缚，导致无法突破困境。通过游戏活动，我认识到想要跳出困境圈，就要从旁观者的角度去思考困境，也许能有一些新的突破。

●通过游戏活动，我发现我的同桌发散性思维很好，这也是他经常会有一些新颖独到的解决问题的办法的原因。我羡慕他学习轻松成绩又好，总是能从一个问题的不同角度去思考，这是我要向他学习的地方，我在学习过程中不能被思维定式所束缚。

### 专家评析

思维定式有很多积极的方面，对于很多人来说，思维定式有利于人简化思维程序，快捷解决问题。但是，对于需要发挥创意的问题，思维定式会起到阻碍作用。因此那些思维活跃、喜欢不断创新的青少年，就需要发散思维，去突破一些思维定式。这个游戏较好地体现了发散性思维的重要性和特点。

## 游戏5 梦想加油站

### 活动意图

通过心理游戏"梦想加油站",引导学生大胆说出自己的梦想,从多维度体验拥有梦想的感觉,从而激发其成长内动力;同时也使其学会从不同角度看待问题,学会寻求合理的帮助和支持,学会面对困难,学会坚持梦想并付诸行动。

### 活动准备

1. 本活动适合在室内进行。
2. 准备活动用的名牌若干。
3. 本游戏适合在高中生中进行。

### 活动过程

将全体学生分为若干个小组,每组6人。在每个小组的每张桌子上放置不同的名牌:自己、旁观者、重要他人、榜样、摄像机、未来。

1. 梦想秀:组内分享,说出自己的梦想。
2. 梦想加油站:组员轮流依次坐在小组的6张桌子前,从六个角度想象自己的梦想获得支持的场景。

（1）自己:"你会如何鼓励自己?"
（2）旁观者:"旁观者会对你说什么?"
（3）重要他人:"重要他人,比如你的父母、朋友会对你说什么?"
（4）榜样:"你的偶像或榜样是谁?他会对你说什么?"
（5）摄像机:"摄像机会记录到你怎样的奋斗片段?"
（6）未来:"你希望见到多少年以后的自己?20年?30年?未来的你知道现在的你碰到了困难,今天,他为你穿越而来。那时候的你是什么打扮，状态如何，他会对你说什么？"

3. 内化赋能：回到自己原来的座位，闭上眼睛，倾听内心，看看哪句话或哪些词最打动自己。默念三遍，记住这个感觉。最想对自己说的一句话是什么？写下来。

4. 相互赋能：按照顺时针方向，小组成员相互鼓励，给每个组员写一句鼓励的话。

5. 拥抱梦想：全体成员手拉手围成一个圈，挨个说出此刻的想法和感受，为自己加油，为彼此赋能。

带领经验

本心理游戏为原创作品，属于生涯规划类主题。游戏以学生的"梦想"为中心，通过五个环节加以展开："梦想秀"引导学生大胆说出自己的梦想，并自评对实现梦想的信心，引出为梦想加油的必要性；"梦想加油站"带领学生从六个不同途径体验获得支持和能量的感觉，使学生在体验中坚定自己的梦想，并学会多角度地看待问题、解决问题；"内化赋能""相互赋能""拥抱梦想"三个环节的实质是进一步从个体自己、小团体、大团体三个层次不断增强学生追求梦想的动力。

在带领心理游戏时，请注意以下几点：

1. 在"梦想秀"环节，要引导学生找到自己的梦想。这个梦想可能是远大的，可能是很小的。它是学生目前最关注的一个内心需求。带领者要充分相信学生，引导每一个学生相信，每个人的内心都拥有梦想，每个人都拥有实现梦想的所有资源。

2. 在第二个环节"梦想加油站"，需要学生想象六种不同的场景或角色，带领者除了使用引导语、转换位置，还可以借助环境、灯光变换等，进一步增强学生的体验感，引导学生尽可能真实地想象。

3. 把时间留给学生，让学生充分想象、体验、表达。

参与感悟

● 我这段时间比较迷茫，心里有一个模糊的梦想，但是总觉得不太现实，不敢说出来，也不知道找谁分享。参加完这个心理游戏活动，我忽然感觉自己的梦想也不是那么遥不可及，发觉原来有这么多种方法可以为自己加油。当想象我的榜样坐在对面，跟我说"坚持下去，你一定会实现自己的梦想的！"时，我感觉内心充满了力量，不禁泪流满面。

● 《牧羊少年奇幻之旅》里说："当你真心渴望某件事情时，全宇宙都会联合起来帮助你。"这个游戏让我们更深刻地理解了这一点。梦想的实现不是一朝一夕的事情，实现梦想的道路上会有很多的艰难和险阻。只要我们有梦想，只要我们不言放弃，办法总比困难多，就像老师说的："我们每个人都拥有实现梦想的所有资源。"我们要不断为自己加油，彼此扶持，相互加油，一起实现心中的梦想！

### 专家评析

本心理游戏融合了生涯教练技术，在保持活动趣味性的前提下，具有非常强的专业性。梦想在生命中是非常重要的东西，是现实的动力和源泉。但是在现实面前，面对生活、学习等方方面面的挑战和压力，很多学生感到压抑，甚至放弃了自己的梦想。很多时候，我们烦恼、痛苦、失去方向，是因为我们太执着于眼前的琐事了，"只缘身在此山中"。本游戏借助教练技术，带领学生跳出现在，从不同的角度看待问题，比如从"旁观者""摄像机"的客观视角帮自己理清思路；从"重要他人""榜样"的关系视角获得能量；从"未来"角度回溯，看清内心的核心价值，从而引导学生积极面对困难、坚定梦想、解决问题。

## 游戏6　智能擂台赛

### 活动意图

在心理游戏"智能擂台赛"中，让学生了解八大智能，帮助他们通过对现实事件的回顾和他人的反馈，对自己的智能状况有清晰的认识，从而提高自信心。

### 活动准备

1. 本游戏在室内或室外进行皆可。需提前将空间——智能擂台赛区划分为八个区域，每个区域对应一个智能（语言智能、数学逻辑智能、空间智能、身体运动智能、音乐智能、人际智能、自我认知智能、自然认知智能）。学生提前了解每个区域所代表的智能类别。

3. 本游戏适合在高中生中进行。

### 活动过程

将全体成员分组，每组 6~8 人为宜。

1. 抢占擂台：每个人根据自己的智能特点，占领八个智能区域中代表自己最突出的优势智能的区域；同一区域不设人数上限，但要提醒学生，人越多，接下来擂台赛的风险越高。

2. 宣示主权：单独拥有一个智能区域的同学，需说出一件能够证明自己拥有该智能的事件，其他同学进行投票。超过半数人认为该事件可以说明这位同学具有这一智能，则该智能区域归属该同学；如果未通过，需重新举例。共有两次机会，两次均未能说服其他同学者，需撤出该区域。

3. 群雄争霸：当同一智能区域内有不止一个同学时，需进行 PK。每个人分别说出能够证明自己拥有该智能的事件，所有人（包括 PK 人员）进行投票（可以投自己或他人），票数多者获胜；如果持平，则继续列举事件，直到分出胜负。最终获胜的人拥有该智能区域。

4. 巅峰对决：最后，同学们可对任何一个智能区域的"擂主"发起挑战，说出能够证明自己在该智能上有更突出优势的事件，由其他同学投票。票数超过原擂主，即可将原擂主踢出该智能区域，占据该区域。每个人最多有两次攻擂机会。

5. 颁奖环节：守擂成功者为每类智能的最强者颁发相应奖项。

6. 小组分享：

（1）自己有哪些优势智能？如何进一步提升自己的优势智能？

（2）现在对自己的智能有什么新的认识？有没有发现一些之前被自己忽略的智能？

（3）抢擂、攻擂成功时是怎样的感受？

（4）守擂失败时是怎样的感受？

### 带领经验

本心理游戏为原创作品，属于生涯规划类主题。设计的目的在于让学生通过游戏活动了解八大智能理论，并对自己的八大智能进行全面的评估。活动过后，学生也可以结合这一理论，通过各种学习和实践，去进一步发掘和培养自己的能力。"打擂台"的方式，在一定意义上也可以培养学生的竞争意识。

在带领心理游戏时，需注意以下几点：

1. 通过抢擂、攻擂、守擂，让学生在对现实事件的回顾和他人的反馈中发现自己的优势智能，一方面可以增强展示者的自信心，另一方面也能让学生相互学习提升智能的方法。

2. 要关注参与度比较低的学生，在活动后给予肯定和鼓励，关键是引导学生在实践中提升自己的能力。

### 参与感悟

●因为学习成绩平平，所以我一直有点自卑，觉得自己没有什么过人之处。但没想到一直自以为的缺点"敏感"居然变成了自己的突出优势，更没想到自己成了"自我认知智能"的擂主！这次活动不仅提高了我的自我认识能力，还让我获得了极大的自信！以后我要更加充分发挥自己的这一优势。

●原来智能有这么多种！每个人至少有八种智能！每个人都有自己的优势智能组合！看似平平无奇的很多小事，居然都是某些优势智能的表现！这个活动让我们对自己、对同学有了更深入的认识，对自己的未来有了更多的信心。

**专家评析**

"多元智能理论"（简称MI）是美国哈佛大学教授霍华德·加德纳在1983年首次提出的。他打破了传统智力理论中人的智力只有一个层面的说法，而把人的智力分为八大方面。这一理论的提出，不仅给教育工作者带来了新的思考，还引起了教育界的高度重视。八大智能理论已经成为学生认识自己、做好生涯规划的基本工具之一。本心理游戏结合学生的实际生活，让学生实实在在地了解、思考自己的优势智能，同时引导学生思考进一步提升自己优势智能的方法，有效地提升了学生的自我效能。同时，本游戏让学生了解彼此的优势智能和提升智能的方法，有效促进了学生的相互了解、相互学习。

## 游戏7 神奇的情绪圈

**活动意图**

在心理游戏"神奇的情绪圈"中，首先让学生学会区分积极情绪和消极情绪，其次通过情绪传染的环节，让学生意识到情绪是会传染的，认识到激发事件、信念与情绪三者之间的关系，同时通过发现和识别不合理信念，懂得消极情绪是可以缓解和转变的，从而努力去获得更多的积极情绪。

**活动准备**

1. 以宽敞、空旷的活动场地为宜。

2. 设计3~4个不同的情境，将每种情境的内容用A4纸打印出来（如考试考差了、跟人打招呼没有得到回应、收到一个小礼物等）。

3. 本游戏适合在高中生中进行。

**活动过程**

1. 游戏热身。全体学生围圈而立，每位学生以接龙的方式，说出一个描述情绪的词语（不可与前面的重复），并将其归类到积极情绪或是消极情绪中。

2. 带领者做示范。先说出一种情绪，以动作、表情和声音配合表达，同时向其中一位学生走去，并取代其位置。被取代的学生须把该情绪延续，即以同样的方式去取代另一个人的位置。如此这般把情绪传染出去，将每种情绪传染六七个人后，可更换另一种情绪。

3. 带领者出示事先准备的情境，学生将相应的情绪传染出去，方法同上。但是被传染的学生可以把情绪变种，表达自己在该情境下会有的真实情绪。六七次后，更换另一个情境。

4. 全体学生围圈而坐，大家讨论在不同情境下自己通常会有什么情绪，自己的情绪表演是否适当，自己的情绪是如何受别人影响的，为什么面对同样的事件会有不同的情绪等。

**带领经验**

本心理游戏为原创作品，属于情绪压力类主题，创作灵感来自游戏——滚雪球。"神奇的情绪圈"这一游戏，在情绪传染环节需要注意的是，不同程度的情绪，如愤怒和狂怒、难过和哀伤，要请学生尽量精确地表达出来。在此基础上，向学生强调真诚地表达和抒发情绪的重要性。但同时需请学生注意情绪是会传染并对别人造成影响的，所以做自己情绪的主人，管理好情绪，是非常重要的。

在带领心理游戏时，要注意以下几点：

1. 为扩大学生的活动参与面，带领者可引导学生在选择被传染对象时不要重复，尽量让每个成员都参与其中。

2. 在带领活动时，需要注意学生在同一情境下产生的不同情绪。

3. 在讨论过程中，如果有学生对情绪有错误的理解或认知，带领者需要及时澄清，避免误会。

参与感悟

●在体验活动时,带领者要求把一种情绪借由各自的表演传递下去,我见识到有些同学的表演能力真的是强!演得惟妙惟肖的,把我们都逗得哈哈大笑。在这个过程中,欢笑声不断,让我想到生活中的积极情绪也是这样相互传染的:把欢乐情绪带给大家,自己也能收获更多的快乐。平时自己不高兴或者郁闷烦躁时,有好朋友来找我,我不理人家,让她也跟着不高兴,真的挺不应该的。我以后会学会克制自己的负面情绪,把更多的快乐传递给大家!

●在面对"收到一个小礼物"这个情境时,每个同学的反应竟然都不一样,有的开心,有的无奈,有的愤怒,有的甚至欣喜若狂。同学们活灵活现地展现了一幅生动的众生相。而当他们陈述理由时,每个同学都有独特却又合情合理的想法,这大概就是这个游戏的神奇之处!

专家评析

心理游戏"神奇的情绪圈"可以分为四个环节:了解情绪、传染情绪、表达真实情绪、讨论分享。这四个环节层层递进,助力学生一步步地达成活动目标。此外,这个活动在充分体验和讨论分享的基础上,可以帮助学生更好地理解情绪 ABC 理论,即同一件事,我们从不同的角度去看时,就会看到不同的东西,从而拥有不同的情绪。情绪并不取决于事件本身,而是取决于对事件的看法。可以改进的一点是,在讨论时可特别提出情绪对大家解决问题所产生的影响,一起讨论如何做好情绪的主人,驾驭情绪,而不是让情绪控制自己。这也是活动的目标之一。

## 游戏 8　心中的建筑

### 活动意图

通过心理游戏"心中的建筑",在规划过程中培养学生的抽象思维能力,在创造过程中激发学生的想象力和创造力,在实践过程中进一步增强学生的动手能力和合作意识。

### 活动准备

1. 本活动在室内进行为宜,每组至少配有一张桌子。
2. 给每组准备纸巾 3 张、吸管 10 根、回形针 20 个、便利贴一张、水笔一支。
3. 给每组分发 3 张贴纸,用于作品投票。
4. 本游戏适合在高中生中进行。

### 活动过程

1. 将全体学生分为若干个小组,每组 4~5 人。
2. 小组成员利用分发到的纸巾、吸管、回形针、剪刀等工具,进行 10 分钟的沟通和创造。
3. 在 5 分钟内讨论出作品的名称及作品概念,并推荐一位组员介绍作品。
4. 小组互评,将贴纸贴到最佳作品处。
5. 活动结束,安排小组讨论,交流创作中遇到的困难以及组员是如何克服的。

### 带领经验

本心理游戏为原创作品,属于创新实践类主题,创作灵感来自经典游戏——纸牌屋搭建。游戏活动很好地激发了同学们的想象力和创造力。通过搭建纸牌屋，同学们学会了合作，共同克服困难。更重要的是，在讨论的过程中，同学们都能聚焦于一个主题：一次次的失败，一次次的再尝试，让同学们学会了如何坚持，知道了什么叫作毅力。简单的游戏，让大家收获颇多。

在带领心理游戏时，需要注意以下几点：

1. 由于涉及的材料比较多，因此需要提前分发材料，预留更多的准备时间。

2. 在活动过程中，要注意引导参与积极性不高的同学主动融入团队。

3. 在投票环节要注意引导各组成员公平公正，不能只考虑本组的利益。

### 参与感悟

● 活动的确非常有魅力。在沟通如何搭建的时候，我们组的每个人都有自己的想法。我当时想的是搭一个倒置的爱心，因为我觉得这个造型不仅稳固而且扣题。可是在交流中，我发现原来其他同学有更好的想法，我愿意为了团队的成绩而放弃自己的想法，这是一个学会权衡利弊并懂得取舍的过程。后来在搭建的过程中，有些细节因为材料不足无法完善，大家都能一起想办法尽力去解决，我真的觉得很感动。

● 在搭建活动中，我真的没想到同学们都如此有想象力。利用这些最常见的材料，创造出来的作品却一个比一个惊艳。在这比较短暂的时间里，大家既能够发挥个人的创意，又能够合作解决困难，真的很不容易。而且我意外地发现，其实不同的建筑造型，可以折射出每个人的不同想法。有些理性的同学更擅长去搭建棱角分明的、稳固的建筑，而有些感性的同学喜欢在造型上下功夫，这很有意思。

### 专家评析

心理游戏"心中的建筑"，相对来说比较有创意，受活动场地的限制较小，可操作性强。在游戏活动中所采用的材料，如吸管、回形针等，给了同学们充分发挥的空间。除了要给搭建活动留充足的时间以外，在讨论环节，还要注意启发和引导学生。其实从这个心理游戏中，学生可以悟到多个主题，如"合作、坚持、创造"等。针对某个主题深入挖掘探索，这才是游戏最重要的地方。最后的小组互评环节，既很好地激发了同学们的竞争意识，又增加了游戏的趣味性，是一个很好的设计。

## 游戏9　模仿不 NG

### 活动意图

在心理游戏"模仿不 NG"中，创设有趣的活动氛围，让学生理解每个人眼中的世界是不同的——因为每个人的关注点不同，看到的事物属性也不相同；让学生通过肢体语言模仿，准确表达事物在每个人眼中的不同属性，再通过探索大家在表现事物属性时的共同点和小组间的分享，完成对自我的认知和团队间的相互了解。

### 活动准备

1. 本活动在室内、室外进行均可以。
2. 准备 A4 白纸若干，写上需要"模仿"的事物。
3. 本游戏适合在高中生中进行。

### 活动过程

1. 将全体学生分为若干个小组，每组6人，各组推荐一名学生担任观察员。

2. 小组5名成员横向排成一排，观察员站在他们的对面。带领者在观察员身后展示词语如"茶杯""自行车""机器猫"等，难度依次加大。展示完成后，学生思考30秒，第一位学生开始表演并以身体雕塑形状定格，模仿看到的事物或者事物的某个属性，但不进行语言交流。第一位表演完后发出结束语"完成"，第二位开始表演，按照这个顺序进行，直到5位成员都表演结束，呈现5个身体雕塑形状。观察员猜测他们表演的事物是什么。

3. 活动结束，安排小组讨论，表演者交流在"模仿"事物时自己想的是什么，为什么做这个姿势；观察员分享看到了什么，感受如何。

4. 随后再次进行深度讨论，表演者思考自己与这个模仿对象的连接之处在哪里，观察员思考在观察事物时是否有自己特别在乎的部分。

### 带领经验

本心理游戏为原创作品，属于人际交往类主题，将小组竞赛、角色扮演的方式结合了起来。该游戏的创作灵感来自综艺游戏中的"场景定格"。综艺游戏更多地在追求肢体表达的趣味性，但在"模仿不NG"中，我们更加重视的是对事物如何理解及如何用肢体语言表达理解，这无疑增加了难度。通过简单的模仿和身体雕塑形状定格，学生形成了深刻的自我认知，也对团队同伴有了更深的认知，这加强了团队凝聚力。

在带领心理游戏时，请注意以下几点：

1. 观察员要协助带领者控制场上秩序，让学生在不受干扰的环境中完成"模仿"。要强调非语言交流。

2. 该活动不以观察员猜测出词语的数量多少为胜负评价标准，更重视分享环节。

3. 可提前安排几个学生做一次模仿示范，并对自己的身体雕塑形状进行解释。

### 参与感悟

●这是一个特别烧脑的心理游戏。在游戏开始时，我担心自己并不知道摆出什么样的造型，又害怕自己的想法和观察的同学对不上，因而特别紧张。但在看到词语"茶壶"时，我心中很快就有了明确的场景——一个炉子上茶壶里的水快要沸腾，旁边有很多人坐着等待喝茶，我马上就表演出来了。我定格后就开始观察其他同学，发现原来每个人想到的样子都是不一样的。我想这可能和我们的生活经验有关。后来在谈论自己和茶壶之间的连接时，我开始意识到，我很关注事物在众人期待中的样子，不管是哪个词语，我想到的都是这个事物被关注时的状态。这让我觉得很惊喜，我的确是一个很需要被关注的人。

●我们组的小郑同学，脑洞真是大。他模拟词语"自行车"时，一直在蠕动，我始终没有明白他表演的是什么，直到他说明自己是自行车中的那根链条时我才明白过来。在后面的模仿中我发现，他观察的或者说模仿的都是事物中很细小但又很重要的部分，这和他自我分析时对自己的理解有很多相似的地方。这个游戏确实有趣。

### 专家评析

"模拟不 NG"心理游戏的特色是给予学生创作主题和创作空间，让学生通过自己本身的认知和表达方式去呈现，最后用雕塑的方式定格，就像是给学生布置了一个小型心理剧表演，只有主题，没有剧本，也没有台词。这确实是一个有趣且有难度的活动。让学生去找大家在表达事物属性上的共性和特点，并由此让所有人进行自我探索，也是活动的难点。活动中自我暴露、自我剖析的部分很多，如果团队动力较足，给予的安全感足够的话，确实可以在一定程度上促进学生的自我认知，也可以在一定程度上快速增加团队的凝聚力。但活动如果在团队形成初期进行，难度就很大。活动中模仿的事物可以更丰富一些，选择立足生活又有丰富的内涵可以挖掘的事物，可以让游戏的效果更好。

## 游戏10 亦真亦假

### 活动意图

在平时的生活情境下，高中生很难直白地表达自己的感受，因此通过心理游戏"亦真亦假"，在不同的主题设定下让同组成员用"说反话"的形式进行沟通，这个设定让大家可以更加委婉但准确地表达在团体活动或者日常生活中各自的感受或疑惑，在彼此的表达中完成沟通，从而凝聚团队的动力。

活动准备

1. 本活动适合在室内进行，要尽量选择安全感充足的环境。
2. 准备用于活动的背景音乐，用PPT说明主题和要求。
3. 本游戏适合在高中生中进行。

活动过程

1. 将全体学生分为若干个小组，每组6人，每次由5个人围成一个圈，剩余那个人进入圈内入座。

2. 第一个环节是"感谢"主题。小组中围成圈的5个人轮流和圈中成员对话，要求对这段时间相处中对方帮助到自己的事件进行描述，虽然想要表达的是感谢，但是表情和语句都要反着来。说完后圈中成员要给予微笑反馈。换下一个人入圈，继续进行。

3. 第二个环节是"抱怨"主题。小组中围成圈的5个人轮流和圈中成员对话，要求对这段时间相处中对方对自己造成困扰或使自己难受的事件进行描述，虽然想要表达的是抱怨，但是表情和语句都要反着来。说完后圈中成员要给予语言反馈，说"对不起"。换下一个人入圈，继续进行。

4. 第三个环节是"赞美"主题。小组中围成圈的5个人轮流和圈中成员对话，句式为"你真的是一个……的人"，用想要表达的赞美词语的反义词来表达对对方的认知。说完后圈中成员要给予语言反馈，说"谢谢"。换下一个人入圈，继续进行。

5. 最后恢复成集体大圈，进行分享，体验感受。

带领经验

本心理游戏为原创作品，属于人际交往类主题，创作灵感来自游戏"戴高帽"。原来的游戏更多地在追求群体表扬的过程，但在操作中我发现这种赞美往往有些尴尬甚至敷衍，因此将之改为现在的"亦真亦假"。学生采用反着说的方式更容易表达比较深刻的评价或者情绪反馈，由事件说出感受，也提供了沟通的方式，让团队中的误会有所消融，让团体中的感激尽情表达。

在带领心理游戏时，请注意以下几点：

1. 在活动开始前说明游戏规则时，特别要重点强调"真诚""倾听""保密"等原则。营造一个安全保密的氛围，可以给活动的效果加分。

2. 每个环节都应该有时间的设置，每个环节大概进行5分钟。圈中人按照规定做出反馈，此外不做过多的回复。

### 参与感悟

●这是一个情感投入很大的游戏活动。在活动开始的时候我挺紧张的，并不知道怎样和别人面对面地对话，也不知道别人会对我说什么。在第一个环节"感谢"中，我很庆幸自己不是第一个入圈的人，也不是第一个和圈中人说话的人。听到带领者很真诚地向我们讲述一些受人帮助的故事，并表示"其实我也没有很谢谢你，这对我来说就是你应该做的事"的时候，我们都笑了。但即使在这样的表达下，我依旧感受到了非常真诚的态度。所以在轮到我对话时，我想到了我们群体一起经历的故事，还有每一个组员和自己分享的感受，的确有很真挚的感受想要表达。"反着说"的方式让我更容易把感受说出口，我开始理解这个活动的意义了。

●在活动没有开始前，我觉得这是一个极其尴尬的游戏，因为我平时不是一个特别会说话的人，我很怕表达的时候说了什么不正确的话。可是在活动中，因为要求"反着说"，很多尴尬的话就容易说出口。就算词语组织得不正确，大家也都能用一种很包容的态度向我确认："你要表达的是这个意思吗？"在一轮轮的对话中，我觉得越来越自在。我听到了很多"反着的"感谢，也知道了在他们眼中我的优点是什么，更意识到了很多我没有意识到的问题。我觉得我们的团体更加紧密亲近了。

### 专家评析

心理游戏"亦真亦假"，借鉴了"戴高帽"游戏中的部分形式，但经过重新创作，有了新的内容和突破。把这个活动放在团队建设的后期进行，能够较好地加强团队凝聚力。但是需要注意的是，要保证团队成员在团队建设前期有充分的活动体验，彼此之间建立起了良好的信任关系，大家在心理安全感有保障的前提下进行这项活动。带领者的示范是非常重要的部分，一次好的示范可以让整个活动的效果得到保障。

## 游戏 11　盲过石墩桥

### 活动意图

通过心理游戏"盲过石墩桥"，让学生在小组成员两次相同却又不同的合作体验中，了解换位思考的重要性，明晰团队合作的重要性，也让他们感受有效合作的乐趣。

### 活动准备

1. 本活动在室内、室外进行均可以。建议选择平坦的草坪作为活动场地，在上面画两条相隔 5 米左右的长实线作为溪流的两岸，即石墩桥的起点与终点。

2. 准备形状、大小均相同的塑料小方凳若干，不透光眼罩若干。

3. 本游戏适合在高中生中进行。

### 活动过程

1. 将全体学生分为若干个小组，每组 5 位成员，分得 3 张小方凳、一个眼罩。

2. 每组选出：一位"盲人"，戴上眼罩；一位搭桥者，负责搭建石墩桥（搬运小方凳）；一位解说员，负责用语言协助"盲人"走完石墩桥（无身体接触）；两位安保员，负责保障行走中的安全。

3. 每组有两分钟的时间研讨合作战术，成员可以就相互之间如何配合进行探讨。允许使用道具。

4. "盲人"分别站在各组的起点，安保员分站其两侧。随着"开始"口令，搭桥者利用3张小凳子迅速搭建合适的石墩桥（小方凳的使用不限次数），解说者引导"盲人"踏过一个个建好的石墩，直至到达终点。

5. 如若在行走过程中"盲人"不慎掉下石墩，则要求该组回到起点重新行走。记录每个小组的用时，选出第一轮的胜利者。

6. 第一轮结束后，交换角色，根据之前的经验继续展开两分钟的合作战术研讨。随后，开始第二轮活动，记录每组的用时，选出第二轮的胜利者。

7. 在两轮游戏中分别（同时）获得胜利的小组开展经验分享，同时引导小组思考：

（1）如何设置两个石墩间的距离？

（2）比较两次活动的快慢，进步或者退步的原因是什么？

（3）团队间的合作需要注意些什么？

**带领经验**

本心理游戏为原创作品，属于竞争合作类主题，采用了小组竞赛的游戏形式。创作灵感来源于"盲人过障碍"，该游戏两人一组，搀扶过障碍，主要目的是体验换位思考。本活动增加了合作的人数，改为蒙眼过石墩桥，增加了难度，但也加深了学生对换位思考、多方合作的体验，有利于他们摒弃以自我为中心的惯性，真正从团队利益出发，实现更有效的合作。

在带领心理游戏时，请注意以下几点：

1. 在游戏活动过程中，带领者需要把控现场，引导所有人遵守规则，使活动规范展开，特别是面对行走较慢的小组，要引导学生尊重、鼓励他人；对于行走中"掉入溪流"的小组，在执行规则的同时也需给予一定的鼓励。

2. 如需降低活动的难度，可在"战术"研讨的过程中，就一些在行走过程中需要注意的事项、可能遇到的困难为各小组做提示。如需增加活动的难度，可增加凳子的高度，或者设置2~3种不同高低的小方凳，要求按一定的顺序搭建石墩桥。

3. 在准备道具时，尽量选择宽一些、坚固一些的小方凳。

参与感悟

●整个活动不仅考验我们换位思考的能力，也考验我们的团队合作能力。作为第一组的盲人，我蒙眼过石墩的时候心里其实还是挺害怕的，下脚的时候感觉有点抖。当然，玩过一次就有经验了，所以我们在第二轮活动中就显得比较顺利。

●第二组同学太让我惊讶了，他们竟然把石墩桥变成了完整的桥，每个石墩间距离简直为零！一开始，我们都以为他们会最慢，没想到只是辛苦了于敏同学跑前跑后挪凳子，结果竟然还不算慢！他们降低了行走的难度，而且缓解了盲人害怕的情绪，但是减慢了速度，因此我认为还是可以适当加大距离的。

专家评析

本心理游戏的特色在于任务的挑战性。在本游戏活动中，"盲"体现了活动的难度，"过"则要求组员团结合作，因而，在每一轮活动中设置的战术研讨，便是为了让学生更好地学会合作。当然，合作不仅是相互之间的沟通，还建立在对现实条件等充分掌握的基础上。因而，两轮游戏活动的设置，便是为了让学生更好地掌握现实条件等因素。而小组间竞赛压力的添置，更是为了促使学生从"合作"走向"有效合作"，对有效合作的要素有更深的认识。

## 游戏 12　串联人生

**活动意图**

通过心理游戏"串联人生",让学生感知个体生命发展过程中的丰富历程,加深对个体生涯发展特点的认知,体悟生命经历的意义。

**活动准备**

1. 本活动在室内进行为宜。

2. 准备人物经历关键词卡若干份,分别装在 1 号信封里;准备配套的人物故事素材若干份,分别装在 2 号信封里。

3. 准备彩色海报纸、胶带、彩笔每组各一份。

4. 本游戏适合在高中生中进行。

**活动过程**

1. 分组:将全体进行分组,每组 6~8 人为宜,每组确定一名组长。

2. 材料发放:向每组发放彩色海报纸、胶带、彩笔各一份。

3. 抽一抽:各组随机抽取 1 号信封一个,即人物经历关键词卡一份。

4. 画一画:各组在海报纸上绘制"生命线"工具,横轴代表时间,纵轴代表经历带来的积极或消极的影响以及该影响的程度大小。

5. 排一排:各组根据关键词卡的内容,初步梳理人物经历,将关键词卡排列在"生命线"上。

6. 读一读:给各组发放配套的 2 号信封一个,即人物故事素材。各组阅读后,经组内讨论,对上一步的排列进一步做调整,包括顺序(经历发生的时间)、正负(带来的影响效果)、高低(带来的影响程度)三个方面。

7. 连一连:确定摆放的顺序和高低后,用胶带固定关键词卡,并用彩笔将其串联，完成该人物生命线图的制作。

8. 说一说：各组展示生命线图，介绍该人物的主要经历、影响及关联，分享活动感悟。

### 带领经验

本心理游戏为原创作品，属于生涯规划类主题，采用了卡牌游戏和手工制作有机结合的游戏形式。其创作灵感来自叙事生涯中常用的工具——"生命线"。将对自我生命故事的分析转变为对他人（主要是榜样人物）生命经历的解读，借助更直观的工具——经历关键词卡来呈现，能促进学生感知个体生命的波澜起伏，领悟生命经历串珠成链的意义与价值。

在带领心理游戏时，请注意以下几点：

1. 为保证各组完成制作的时间相当，给各组设置的关键词卡数量要接近。

2. 如果学生对"生命线"这一工具不了解，带领者可简要介绍叙事生涯理论，举例进行说明，如借助绘制好的某一人物的"生命线"，说明"生命线"横轴、纵轴代表的含义。

3. 在各组分享环节，带领者可进行适当提问，以增进参与者对人物经历的理解和解读。

4. 在选取人物资料时，可以提供不同领域的人物，例如科学、人文、艺术、经济等各个方面的代表人物，以丰富活动内容。

5. 以下是以乔布斯为例设计的人物经历关键词卡的内容，供参考：

被养父母收养、参加发现者俱乐部、因经济原因休学、创办苹果公司、离开自己创办的公司、成立皮克斯动画工作室、重回苹果公司、推出iPhone手机、患胰腺癌7年。

### 参与感悟

● 我们组抽到的人物是乔布斯。之前我们只知道他是苹果公司的创始人，但我们把关键词卡一一排列起来时，才发现原来他的人生历程这么丰富，真可谓波澜起伏。我们阅读了详细的人物材料后，发现他的这些经历之间是有关联的。就像乔布斯说的："你不能预先把点点滴滴串在一起，唯有未来回顾时，你才会明白那些点点滴滴是如何串在一起的。"这个游戏让我更相信：人生没有白走的路，每一步都算数，有些经历会在某些时刻对我们的成长发挥作用。

● 我们组的小斌同学，平时喜爱阅读，尤其喜欢看人物传记故事。这回我们抽到的是新东方教育的创始人俞敏洪，小斌刚好读过他的故事，还看过他的一些访谈视频。所以，在其他组还对抽到的人物一头雾水时，我们小组在小斌的指挥下，很快就把俞敏洪的经历梳理清楚了。小斌趁机给我们分享了他读的一些其他人物故事，还提到这些故事对他面对困难、接受挑战的影响。

### 专家评析

开发和利用人物素材是开展高中生涯教育的一种可行途径。其难点主要有：人物素材的选择要满足学生多样的兴趣点，对生涯工具要深入理解和恰当运用，活动形式要有效。本心理游戏对这些难点进行了有针对性的突破。首先，人物选材多元，提供了科技、教育、人文、艺术、经济等不同领域的代表人物；其次，工具选用适当，将"生命线"工具用于梳理和解读人物的生涯，是很合适的；最后，形式富有趣味，关键词卡的设计、抽取、排列、调整、固定、串联改变了原有的呈现形式，使游戏更具操作性。

## 游戏13 大学连连看

### 活动意图

通过心理游戏"大学连连看"，创设趣味性浓厚的氛围，让学生在小组竞赛互动中，加强对大学的特色、层次、优势专业、所处地域等方面的认知，激发他们进一步探索大学的兴趣与积极行为。

### 活动准备

1. 本活动在室内进行为宜。
2. 准备大学卡牌若干份，每份30张，卡牌内容是各个大学的名称，每一份卡牌内容相同。准备规则卡牌一份，卡牌内容涉及大学特色、所处地域、类型等。
3. 准备计时器一个。
4. 本游戏适合在高中生中进行。

### 活动过程

1. 分组：将全体成员分组，每组6~8人为宜，每组确定一名组长。
2. 发放大学卡牌：每组一份，每份30张。要求各组将卡牌打乱，将写有内容的一面朝下，按5×6的规格排列放置于课桌上。
3. 抽取规则卡牌：带领者抽取规则卡，宣读规则内容，各组认真听并牢记。规则卡的内容主要包含如"五院四系""师范六姐妹"等特色条件，也包含如"浙江""杭州""华东"等地域条件，还包含如"双一流""省部共建""省属重点""公办""民办"等学校类型的条件。具体内容由带领者根据实际情况确定。
4. 连连看：带领者计时开始后，方可开始翻牌。每组每次派出一位同学，每次只能翻两张牌，如果这两张牌同时符合宣读的规则，则可以将牌收走，例如规则是"双一流"，翻到"浙江大学""北京大学"，则收走；否则将两张牌重新反扣，换下一位同学。依次轮流，直到所有符合规则的大学卡牌都被收齐，则翻牌结束。
5. 获胜规则：游戏以时长为评分标准，用时少者获胜。
6. 小组分享：各小组成员分享游戏过程中的感悟，总结获胜的经验和失败的教训。

### 带领经验

本心理游戏为原创作品，属于生涯规划类主题，采用了卡牌游戏和小组竞赛有机结合的游戏形式。其创作灵感来自"水果连连看"这一较有趣味性的拓展游戏。原来游戏的规则是找出藏在帽子或其他遮盖物下的水果，当每次打开的两顶帽子下的水果相同时，就能拿走水果。经过改编，将"水果"替换成"大学"，增加共性"规则"的内容，游戏任务变为找出符合规则的大学卡牌，这增加了学生对大学的认知，促进了学生之间的沟通和互动。

在带领心理游戏时，请注意以下几点：

1. 带领者要清晰地宣读规则卡牌内容，并提醒学生认真倾听。

2. 如果学生事先对规则卡牌规定的大学信息一点都不了解，带领者可进行详细说明，如在规则卡牌上注明"师范六姐妹"是哪些大学。

3. 规则卡牌的摆放可以随机，也可以事先根据学生的需求进行分类摆放，比如学生对大学所处地域比较熟悉或感兴趣，就可以从地域类规则卡牌中随机抽取，这样可以提高学生的参与热情。

4. 以下有30张大学卡牌内容供参考：

北京大学、中国人民大学、中国政法大学、北京师范大学、吉林大学、东北师范大学、华东政法大学、华东师范大学、西南政法大学、西南大学、西北政法大学、陕西师范大学、武汉大学、华中师范大学、中南财经政法大学、浙江大学、浙江工业大学、杭州电子科技大学、浙江师范大学、浙江工商大学、杭州师范大学、浙大城市学院、浙江中医药大学、浙江农林大学、浙江理工大学、浙江外国语大学、宁波大学、宁波工程学院、宁波诺丁汉大学、温州肯恩大学。

**参与感悟**

● 这个游戏让我在紧张又好玩的状态下记住了好些大学的名称。我一直想读师范类的专业，通过活动知道了"师范六姐妹"，了解到了部属的这些师范大学，我会进一步上网去查询这些大学的具体情况的。其中一张规则卡的要求是找出地域为"杭州"的大学，我们组有个同学差点选了"浙江师范大学"，我因为事先了解过，知道它在金华而不是杭州，所以及时提醒，避免了失误。

●我们组的文良同学平时就了解过一些大学，说到什么"双一流"，他能举例出来好些大学，所以在翻牌的时候，他担任了"参谋"的角色。当隔壁组还在犹豫某个大学是不是符合要求时，我们组凭借文良同学平时的积累，已经快速做出判断，大大节约了时间。另外，我们组的组长还将每次反扣回去的牌进行了快速记录，这样就减少了我们试错的次数，大大提高了正确率。

### 专家评析

本心理游戏的特色在于其形式的新颖性、活动的趣味性和任务的挑战性。采用卡牌这一新颖的媒介，能将原先比较枯燥的关于大学的常识性信息转变为学生喜爱的、生动的游戏信息；小组竞赛的活动富有趣味性，能调动学生参与的积极性，激发他们主动投入的热情。游戏任务同时具有一定的挑战性，因为想要快速完成任务，需要成员提高自身的专注力和记忆力，需要团队内部有效地沟通与协作，还需要成员具备承受和应对选择风险、他人失误、竞争压力等状况的能力。

## 游戏14　梦想彩绘

### 活动意图

在心理游戏"梦想彩绘"中，让学生采用绘画的形式将对未来职业的想象进行视觉化的呈现、展示和分享，同时，鼓励同伴之间对各自的梦想表示支持，从而营造积极向上的团队氛围。

### 活动准备

1. 以室内场地为宜。
2. 准备活动指导语和舒缓的背景音乐。
3. 准备彩色海报纸、胶带、彩笔等工具每组一份。

4. 本游戏适合在高中生中进行。

**活动过程**

1. 将全体成员进行分组，每组 6~8 人为宜，每组确定一名组长。
2. 向每组发放海报纸、彩笔、装饰胶带等各一份。
3. 探寻梦想：带领者播放舒缓的音乐，并阅读指导语，也可提前将指导语配上音乐进行录制。以下指导语可供参考："请大家选择一个舒适的坐姿，然后闭上眼睛，试着调整自己的呼吸，尽可能地放松自己。现在请你想象眼前有一个神奇的水晶球，透过它，你可以看到你心中的未来职业。你看到了什么？（停顿）你在做些什么？（停顿）你有什么变化？你感觉怎么样？（停顿）（持续一段时间）现在我将从 5 开始倒数，当我数到 1 的时候，请大家睁开眼睛。5、4、3、2、1。好的，请大家睁开眼睛，回到教室中来。"
4. 彩绘梦想：各个成员根据自己刚才对未来的畅想，在海报纸上用彩笔画下具体的内容，并命名。
5. 展示梦想：各组上台展示每个成员的梦想海报，并进行必要的解说，如海报的名称、角色身份、场景、感受、具体行动等。其他同学认真倾听。
6. 助力梦想：展示结束后，各成员将自己的梦想海报顺时针在组内传递，每位成员对他人的梦想海报进行添画，增添的内容主要包括对他人的梦想表达赞赏、表达支持、表明可提供的具体帮助等。

**带领经验**

本心理游戏为原创作品，属于生涯规划类主题，采用了想象引导和绘画表达有机结合的游戏形式。其创作灵感来自"生涯幻游"活动，是对这个活动的一个丰富和延展，主要体现为两点。一是表达形式上，原有的"生涯幻游"活动一般是在幻游结束后，让学生用文字填写或口头回答带领者事先设定的一些问题，如"你看到的三年后与今天有何不同，又有何联系？"改编后的游戏则是在幻游结束后让成员用绘画的方式进行记录，并且完整展示自己的画面，表达上更加自由。二是增加了"助力梦想"的环节，给每个成员的梦想以肯定、支持，有利于营造班集体积极向上的氛围。

在带领心理游戏时，请注意以下几点：

1. 在"探寻梦想"阶段，带领者要保证活动环境的相对安静，可配以柔和的灯光和舒缓的音乐。

2. 在"彩绘梦想"阶段，学生可能会出现因探寻梦想时受阻而无法绘制梦想的情况，带领者要给足时间，允许其进一步探索和思考，甚至允许其留白。

3. 在"展示梦想"阶段，带领者要维持活动秩序，引导学生认真倾听他人的表达，给予展示者以尊重。

4. 在"助力梦想"阶段，带领者要强调增添内容的性质，避免出现恶意评价和诋毁他人梦想的情况。

**参与感悟**

●我的内心一直有一个梦想，就是学医，以后回到家乡当一名医生。但最近这段时间，我比较纠结，因为我发现医学类专业的录取分数都比较高，我离自己理想的大学和专业还有距离，我想过要不要换方向。但当我闭着眼睛，在带领者的引导下，看到三年后的自己在医学院学习，在大医院见习的场景时，我知道内心的梦想一直都在。看到在自己的梦想海报上，同桌给我写下的祝福，还有化学课代表那句"有不懂的题尽管来找我，加油"，我似乎又找到了一点信心。原来在梦想之路上，我不是独自前行的。

●我们组的楠楠平时性格活泼外向，能言善辩，有点爱管闲事儿，喜欢打抱不平，她这性格和她当律师的梦想还真有点靠近。她画了自己戴着大大的眼镜，捧着好几本厚厚的书的样子，旁边是一个提着秤和剑的女神，而据她说这是正义女神，那些书是她今后要学习的各种法律条文。真心祝愿她梦想成真。

**专家评析**

如何引发学生对未来职业的畅想，促使他们敢于公开表达，激发他们付诸行动的意愿，这是在生涯教育过程中要关注的点。本心理游戏为此做了三个方面的准备。首先，创设了一个探寻梦想的良好氛围，带领者通过幻游指导，引导学生积极思考未来的可能，唤醒了他们的发展意识。其次，搭建了一个展示梦想的自由平台，学生通过制作、命名和解说海报，实现了多元化地表达梦想。再次，构建了一个助力梦想的支持系统，学生之间围绕梦想给予彼此语言鼓励、行动支持，为他们践行梦想注入了力量。

## 游戏15 人生连环画

**活动意图**

通过心理游戏"人生连环画"，引导学生从生涯发展的视角去思考和觉察，认识到人在成长过程中的各个阶段所要承担的各种角色及其典型情况，分享对各个生涯阶段的期望与反思，以期增强学生在当下阶段的角色意识和投入程度。

**活动准备**

1. 本活动在室内场地进行为宜。

2. 准备生涯阶段卡一份、生涯角色卡若干份。参照舒伯的生涯发展阶段理论并结合实际进行制作。

3. 准备彩色海报纸、胶带、彩笔、尺子等工具每组各一份。

4. 本游戏适合在高中生中进行。

**活动过程**

1. 将全体成员进行分组，每组6~8人为宜，每组确定一名组长。

2. 分组抽取生涯阶段卡（分别为0~14岁、15~24岁、25~34岁、35~44岁、45~60岁、60岁以后），确定各组选择的生涯年龄阶段。

3. 向每组发放生涯角色卡一份。各组在组内讨论，确定本组抽到的生涯年龄阶段中可能会出现的生涯角色分别有哪些。

4. 各组学生根据抽到的生涯年龄阶段，在海报上绘制出各种生涯角色可能的典型画面，构成某个年龄阶段的多元角色的画作，并给画作命名。

5. 按照年龄阶段顺序，各组将海报进行连贯张贴，构成一组人生连环画。各组对自己的画作做简要描述说明，并用一句话表达对上一生涯阶段的叮嘱以及对下一生涯阶段的期望。

**带领经验**

本心理游戏为原创作品，属于生涯规划类主题，采用了绘画表达和卡牌游戏有机结合的游戏形式。其创作灵感来自"生涯彩虹图"和"人生纵贯线"这两个活动。改编后，本心理游戏运用绘画的方式，按年龄顺序进行展示，将时间和空间带入其中，直观呈现了生涯发展各阶段不同的角色特征及其性质。

在带领心理游戏时，请注意以下几点：

1. 带领者要事先了解人生的各个生涯阶段，并对此进行一定的解说，让学生对各阶段有所认识，引导学生对未经历的阶段进行现实联系或想象。

2. 在设计生涯阶段卡时，可参考舒伯的生涯发展理论，并根据实际情况做一些微调，如将建立期（25~44岁，约相当于成人期）分成成人早期（25~34岁）、成人期（35~44岁）；根据我国退休情况，将维持期年龄设为45~60岁，卸任期设定为60岁以后。

3. 带领者要事先了解人一生中扮演的各种生涯角色，并对此进行举例说明，为学生提供参考。

4. 在设计生涯角色卡时，可参考舒伯提出的生涯角色分类，主要包括学习者、工作者、公民、休闲者、父母、子女、爱好者、持家者，等等。

**参与感悟**

●我们组抽中的是35~44岁的阶段，这个阶段正好是我们组大多数同学的父母所处的年龄阶段。我们根据对父母的观察和了解，讨论后确定的角色有：工作者、父母、子女、伴侣、持家者、公民、休闲者、爱好者。我画了几个典型的场景，比如他们在单位忙碌工作的样子，为我准备饭菜、打扫卫生的身影，为我的学习和前途在培训班、学校奔波的样子，一家人假期出去爬山的场景。还有同学画了爸妈在医院照顾老人的场景。我看到这些的时候，感觉瞬间理解了父母许多。与其他组的画相比，我们组选的这个阶段是一个人角色最多、承受的压力也比较大的时刻。我要好好地学习，少让父母操心了。

●我们组的小艾同学在活动中表现得比较积极，她很早就畅想过自己未来人生各个阶段的可能与精彩，对自己什么时候工作、在职场要达到什么目标、什么时候退休享受自由都有规划。所以她很快就把我们组的画作进行了整体设计。她还表示，我们如果想要早日实现"自由"的梦想，现在就要扮演好"学生"的角色，多多努力。

**专家评析**

个体的生涯发展是一个动态演变的过程，呈现出时间阶段性和角色多元性的特点。如何有效地让处于生涯探索阶段的学生理解生涯发展的时间跨度，认识到各阶段的角色分配呢？本心理游戏做了两方面的尝试。一是道具的使用，以舒伯生涯发展理论中提出的"生涯阶段""生涯角色"为依据设计生涯卡牌，增加了游戏的趣味性，巧妙地给学生提供了理论支架。二是形式的选择，绘画的方式更加直观和形象，更易为学生采用；同时将各年龄阶段的画面组合在一起呈现，构成一组时间跨度更大的连环画，让人对各生涯阶段要承担的多元角色的印象更为深刻。

## 游戏16 沙画心情

**活动意图**

通过心理游戏"沙画心情",让学生细细地感受自己的压力情绪,并在直面压力的基础上,尝试给自己赋能,最终掌握调整情绪的策略和方法。

**活动准备**

1. 本活动适合在室内进行。

2. 准备白色的石英砂、康乃馨、剪刀、A4纸、彩色粉笔、水彩笔、油画棒、乒乓球若干。

3. 本游戏适合在高中生中进行。

**活动过程**

1. 分组

请大家分成若干个小组,每组约6~8人,小组同学分别围圈而坐。

2. 游戏导入

我们来做一个小游戏——"眼明手快"。现在每人从桌子上拿一只乒乓球放在左手掌心上,轻轻用左手掌心包住(但请注意,只能包住四分之一),左手掌心向上放在身体的左侧,右手掌心向下置于右边同学的左手的乒乓球上方。接下来,我会放一段欢快的音乐,请看住你的乒乓球,当音乐停止的时候,你要一边快速保护你的左手乒乓球不被抢走,一边用你的右手去抢旁边同学的乒乓球……

游戏结束后,分享:(1)当你的球被抓的时候,你感觉如何?(2)当你成功保护了你的球的时候,感觉如何?(3)你在当下的生活中,最想抓住的是什么?最想逃离的是什么?

3. 画出我的"最想逃离"

现在，在大家面前有一堆白色的石英砂，它好像是一片空白的心情，请你挑两小堆石英砂放在 A4 纸上，左右各一堆。然后在彩色的粉笔中，挑选一个颜色来代表你"最想逃离"的事情。接下来，请一边在左边的砂子里慢慢研磨这支粉笔，一边细细感受你"最想逃离"的事情，越慢越好。

4. 画出我的"最想抓住"

现在请你在彩色的粉笔中，挑选一个颜色来代表你"最想抓住"的事情。接下来，请一边在右边的砂子里慢慢研磨这支粉笔，一边细细感受你的"最想抓住"，越慢越好。

5. 画出我的"当下"

现在请你用面前的两堆细砂，通过调整它们的形状，来表达你当下的生活。可以用彩笔、油画棒来辅助。

6. 修改与调整

我们每个人旁边都有一朵康乃馨，康乃馨除了代表对母亲的祝福之外，还代表着"重生""生命的力量"。请你把这朵花凑近你的鼻尖，感受它的力量，带着这股力量，重新看下我们刚刚的作品，并对它进行修改。

7. 赋能与分享

请你细细感受自己身体的变化，然后把你的感受和变化同伙伴们分享。

8. 总结

感受自己身上的变化，感受自身的能量。

带领经验

本心理游戏为原创作品，属于情绪压力类主题，创作灵感来自刘芝玲老师的"可以盐说的心情"。"盐说"是"言说"的谐音，刘老师在该活动中借将粉笔在白色盐粒中研成粉末的过程，让学生感受情绪及情绪背后的心情。本游戏则通过研磨的过程感受具体情绪——两个"最想"，通过两个"最想"展开创作，通过赋能来获得新的力量。尤其是在赋能环节，我能够感受到在场学生的变化。

在带领心理游戏时，要注意以下几点：

1. 游戏导入的方式可以千变万化。热身游戏的核心要素是感受"抓住"和"逃离"的情绪，这对于压力大的同学而言非常具有意义。

2. 语言要有感染力。带领者的语言要能让参与者进入自我觉察、自我表达的情绪。

参与感悟

●一开始的时候，我就被五花八门的道具吸引了，很好奇会怎么"玩"。带着好奇和期待，我度过了充满收获的一小时。我发现，当我真的放下焦躁，沉下心来感受焦躁背后的心情时，原来并没有那么多烦恼，而是一种轻松的感觉；当我开始重新找到力量的时候，我发现，原来我真的可以有新的生活。

●我特别喜欢静静体验创作的过程，可以看见自己的心情，看见自己和同伴的成长，这种感觉真好。在这个过程中，大家的话虽少，但都很重要。

专家评析

生活中的绝大多数人无法像专业的心理工作者一样，能够及时且准确地识别自己的情绪和情绪背后的感受。本心理游戏结合了"沙画"和"绘画艺术治疗"的特点和优势来展开创作过程。借由最易生成情感的两个"最想"引导出压力来源与向往之处，借由具象化的表达，让情绪和背后的感受可以具体形象地展现在纸上；此外，引入积极的能量象征——康乃馨对体验者进行赋能，使其能够感受自己内在的变化和力量，在沉浸式的创作中疗愈自己，这种方式具有趣味性和创造性，别具一格。

## 游戏 17　职业大风暴

**活动意图**

通过心理游戏"职业大风暴",创设有趣的氛围,加强学生对社会生产生活中实际职业的丰富内容、典型特征等方面的认知,激发他们进一步探索多样社会职业的兴趣与动力。

**活动准备**

1. 以室内场地为宜。

2. 准备卡牌一份,卡牌内容是日常生产生活中各种常见事物的名称。准备 8K 海报纸 6 张,事先在每张海报纸上绘制好霍兰德职业兴趣六边形。

3. 准备便利贴若干,彩笔每组一份,计时器一个。

4. 本游戏适合在高中生中进行。

**活动过程**

1. 分组:将全体成员按 6~8 人一组进行分组,每组确定一名组长。向每组发放海报纸一张、便利贴一份、彩笔一份。

2. 抽取卡牌:由带领者手持卡牌,每组派一位代表上台,依次抽取一张卡牌,展示给全体成员。

3. 头脑风暴:带领者宣布活动开始并计时。各组成员围绕各自的卡牌内容,在小组内部展开"头脑风暴",尽可能多地将与卡牌内容相关的职业写在便利贴上。

4. 获胜规则:在规定时间内,联想到的职业多者获胜。步骤 2、3 可根据时间剩余情况进行多轮重复。

5. 梳理分类:根据自己对某一职业的理解,将便利贴上的具体职业进行分类,贴在绘有霍兰德职业兴趣六边形的海报纸的相应位置上。

6. 小组分享：各小组成员展示头脑风暴及职业分类成果，分享活动体会。

### 带领经验

本心理游戏为原创作品，属于生涯规划类主题，采用了卡牌游戏和小组竞赛有机结合的游戏形式。其创作灵感来自"头脑风暴"这一活动，即在融洽、不受限制的气氛中进行讨论，积极思考，自由联想，畅所欲言地发表看法，从而产生新观念。改编后的游戏是请参与者根据常见事物的名称，尽可能多地联想职业，除了需要参与者有自由联想的能力外，更考验他们的实际生活经验和日常对职业的观察积累。最后要求参与者将大量看似零散的职业进行分类，这给参与者进一步的职业探索提供了方向。

在带领心理游戏时，要注意以下几点：

1. 带领者要创设融洽的氛围，不批评、不评判，给学生提供自由发言的环境，促使他们相互感染，积极发挥联想、发散思维。

2. 如果学生对霍兰德职业兴趣六边形理论不了解，带领者可事先进行详细说明，如介绍基本的理论内容、具体代码的内涵和典型代表职业。

3. 如果活动时间比较充裕，可以多准备一些卡牌，将活动过程中的步骤2、步骤3进行多轮重复，进而获取更丰富的职业信息。

4. 以下10张卡牌内容可供参考：

神舟十三号飞船、港珠澳大桥、华为手机、故宫文创、央视新闻联播、中国工商银行、公立三甲医院、公益图书馆、鸿星尔克品牌、得力文具。

### 参与感悟

●这个游戏让我发现了一个认识职业的方法，明白了与周围日常生活相关的各种事物可以关联各种各样的职业。比如我们组抽到的卡牌是"港珠澳大桥"，面对这一被冠以"中国奇迹"名号的"超级工程"，我们不由自主地想到了大量的工程师，比如建筑工程师、桥梁工程师、电力工程师、焊接工程师、通信工程师，还想到了公务人员、新闻记者、纪录片导演、智能运维人员等。

●我们组抽到的卡牌是"华为手机"。说实话，一开始我们只根据平时能接触到的职业，想到了"手机贴膜、手机销售、手机维修"这几个种类。我们小组的张磊对科技前沿比较关注，他补充了好几个与手机软硬件相关的职业——手机软件开发工程师、手机硬件测试工程师、手机游戏玩家。王宏同学平时比较喜欢关注时事新闻，他联系华为芯片问题，补充了"芯片研发工程师"这一职业。一个小小的手机，串联起的是息息相关的各行各业。

### 专家评析

社会上有数量众多的各行各业，而学生未深入社会，对行业和职业的认知是相对局限的、零散的。如何丰富学生对职业的认知，又能引导他们有体系地对职业进行梳理，这是生涯教育中的难点。而本心理游戏在解决这一难点上呈现出了两个亮点。首先，在形式上，游戏以学生日常所见所闻的事物为引子，贴近学生生活实际，有助于学生发散思维，将常见事物与职业进行联结，从而拓宽对相关具体职业的认知视野。其次是理论的恰当运用，游戏以霍兰德职业兴趣理论为指导，设计了职业分类的环节，让学生将联想到的大量职业进行聚合、分类，加深了学生对职业特点的认知，引导着学生职业探索的方向。

## 游戏 18　动力气球

### 活动意图

通过心理游戏"动力气球"，帮助学生认识到主动学习、积极学习的重要性，了解学习动机对于个体学习的重要作用。通过绘制气球，帮助学生探索自我的学习动机，从而更好地激发学生的学习兴趣；通过给气球涂色，帮助学生区分内在动机和外在动机，提高学生在学习中的自我决策力；通过感悟气球，达到了解自己的学习动力，反思如何增强学习动力的目的。

### 活动准备

1. 以室内活动场地为宜，为每位学生配一套桌椅。
2. 给每位学生准备 A4 白纸一张，黑色、红色和蓝色笔各一支。
3. 本游戏适合在高中生中进行。

### 活动过程

1. 将全体成员分成若干个小组，每组 6~7 人。每组将桌子并成一个圈，围圈而坐。

2. 带领者引导："我们做任何事情都是由动机支配的。对于我们每个人来说，我们为什么要学习？"请学生结合自身学习经历，思考 2~3 分钟。

3. 请学生在自己的纸上，用黑色笔画上气球，并在上面标注自己学习的理由。气球数量不定，可自由发挥。

4. 请学生对原因进行分类，看看自己学习到底是为了什么。把写着与自己相关的原因的气球涂成红色（表示学习的内部原因），将剩下的气球涂成蓝色（表示学习的外部原因）。

5. 数一数自己红气球、蓝气球的数量，在小组内交流讨论，最后派一位代表总结发言。

### 带领经验

本心理游戏为原创作品，属于意志责任类主题，创作灵感来自游戏"画气球"。在当前社会环境下，父母和老师对学生的学习期望值都很高，学生的学习压力普遍很大。有的学生还会因为缺乏良好的学习习惯，在成绩每况愈下中对学习的意义感到迷茫，产生厌学情绪。"动力气球"这一游戏，正是在这样的背景下设计的，它可以有效帮助学生从心理上产生学习的内在动力，从而在学习中更加积极主动。

在带领心理游戏时，请注意以下几点：

1. 在引导学生思考自己的学习动机时，案例导入的方式更容易引起共鸣，可以播放轻柔的背景音乐烘托气氛。

2. 在画气球的过程中，有些学生可能会在意画面的美感而迟迟不肯动笔，带领者要告诉学生这并不考验美术的功底，只需要反映出内心的想法就可以。

3. 在小组讨论时，带领者可准备问题的提纲，如："你手中什么颜色的气球比较多，这说明什么？""这些原因对你的学习有哪些积极和消极的影响？""你的学习动力与其他同学相比有什么不同？"这样更便于学生讨论。

### 参与感悟

● 自己平时很少静下心来思考，学习到底是为了什么。学习对我来说就像一件必须要做的事情，很难说出什么理由。但是今天通过心理游戏"动力气球"，我在自己的思考过程中，在与同学的讨论过程中，总结出了好几条学习的理由。最难能可贵的是，我还发现了，对自己而言真正可以促进学习的，是以后的职业目标——成为一名幼教老师。为此，在不断提高学习成绩的同时，我还需要关注与其相关的一些专业和大学，朝着目标不断奋进！

● 在参与"动力气球"这个心理游戏时，我们组有个同学说："压根想不出自己学习的理由。"他说，"我就不想学习，这是没办法的事啊！"但是经过带领者的引导，他也开始在纸上画气球了。一开始他的画里只有一个气球，写着"父母的期待"。当我们讨论分享完自己的学习理由时，他先是有点沉默，后来又默默地在纸上加了一个"未来的生活"。这个过程大概就是激发学习热情的过程吧，希望我们都能探寻到能真正督促自己主动学习的动力。

### 专家评析

心理游戏"动力气球"的设计者能贴合当代高中生的学情，找到学生在学习过程中的共性问题进行有针对性的活动设计，从真正意义上帮助到学生，这是非常难得的。需要注意的是，在整个游戏的过程中，要允许学生有低层次的学习动机存在，如为了父母的表扬、为了考高分等。对于这些动机不能简单加以否定，因为就社会教育现状而言，目前处于高中阶段的学生，有相当大一部分可能缺乏对学习活动的内在兴趣，也可能缺乏远大目标的有效激励，这些看似外在或简单的动机，可能也会对学生的学习起到激励作用。

## 游戏 19　生命倒计时

**活动意图**

在心理游戏"生命倒计时"中，给学生创设危急时刻的体验，让学生在生命倒计时之际，把心中的困惑、苦恼和真挚的感情吐露出来，从而学会感悟生命、珍爱生命。

**活动准备**

1. 本活动适合在室内进行，给人更强的安全感。

2. 给每人准备一张白纸、一支笔。准备背景音乐，如轻音乐《假如爱有天意》。

3. 本游戏适合在高中生中进行。

**活动过程**

1. 身临其境：创设一个情境——"假如你的生命仅剩最后一小时"，让学生想象自己进入生命倒计时，即将离开人世的状态。学生能否进入状态是整个活动能否达到预期效果的决定性因素。

2. 生命留言：写下生命中自己印象最深刻的事情；写下自己对父母、亲朋、对现在所在班级同学们的感受和祝福；写下自己对生的渴望；写下自己最想要实现的、未完成的梦想……

3. 共渡难关：所有学生围成一圈坐好，轮流到中间读自己的"留言"。每个人读完"生命留言"后站在原地,接受其他人的祝福,相互支持共渡难关。

4. 劫后重生:奇迹发生,危机过去,生命得以延续。所有学生手拉手站成一圈,思考生命的意义,感悟生命,珍爱生命,铭记当下的感受。

5. 化危为机:思考接下来你会怎么对待自己的生命,怎么规划自己的人生,如何面对生活中的人和事。

### 带领经验

本心理游戏为原创作品,属于生命探索类主题,创作灵感来自网络上的一篇文章《假如生命只剩下最后一天》。通过活动,希望在唤起学生对生命意义的理解的同时,向每一个学生传递爱、温暖与幸福,从而让他们更加认真地对待生活、对待生命。活动设置了多个环节向学生"传递爱",让他们相互赋能、自我赋能。

在带领心理游戏时,要注意以下几点:

1. 第一步"身临其境"非常关键,因为创设逼真的情境,让学生获得面临离世的感受,是活动顺利进行的必备条件。

2. 学生平时是不会有生命倒计时的感受的,带领者需要通过灯光、语言、音乐等营造严肃的氛围,让每个人都进入生离死别的情境。在整个过程中,引导语和带领者的语气很重要。

3. 活动的最后两个步骤"劫后重生""化危为机"是非常重要的,它既是活动的升华,也是消除学生在活动中产生的负面情感的必要步骤。

### 参与感悟

●经历了这一场生离死别,我忽然发现生命是那么可贵。如果生命真的只剩下一小时,我有多么不舍得离开啊,舍不得自己的父母、亲人、朋友、同学;我有很多事情想做,想去外面的世界看一看,想要实现自己的梦想。我还发现以前自己计较的很多东西都是微不足道的,比如之前跟同学闹的小矛盾。我们应该把有限的生命花在更加有意义的事情上。

●刚开始写"生命留言"时,有同学在窃窃私语,甚至还有同学在嬉笑。但随着带领者的不断引导，整个教室慢慢安静下来，充满了一种沉重感。大家感觉自己好像真的要马上离开这个世界了，好多同学开始哭了。带领者说时间到了，但是很多学生都不肯停笔，仿佛一停笔，他们就真的会离开。最令我感动的是诵读"生命留言"、送祝福阶段，同学们一个一个走上前，每个人都很投入，很多人边念边流泪，下面的人也跟着流泪，好像真的面临生离死别一样。

### 专家评析

生命的宝贵在于它是不可逆的，但当下青少年自杀事件时有发生。如何通过生命教育，让青少年思考生命的价值，懂得生命坚守的意义，刻不容缓。青少年选择自杀，很大一部分原因是不懂得生命的价值和意义，缺乏对生命的敬畏。著名哲学家萨瓦特尔说："认识死亡，才能更好地认识生命。"本活动通过创设"生命倒计时"这样的危急情境，引导学生思考生命的意义，唤醒学生对生命中重要事件的记忆，增强他们与重要他人的连接，并激发学生珍惜生命、过更有意义的人生的决心，这对学生来说是一次有益的生命体验。

## 游戏20　心灵捕手

### 活动意图

在心理游戏"心灵捕手"中，让学生通过学习MBTI（迈尔斯-布里格斯类型指标）的四种气质类型，在交往中介绍自己、认可自己、了解自己，同时了解他人，发现共同的兴趣爱好；让学生在团队协作、探索中，进一步优化自己的性格，学会相互包容、相互支持。

### 活动准备

1. 本活动在室内外进行均可，如在室内则要有足够的活动空间。

2. 给每人准备一张"非凡气质卡"、一支笔、一盒彩笔、一张全 K 画纸。"非凡气质卡"分四个签名区，分别对应 MBTI 的四种气质类型：直觉（N）+ 思维（T）= 概念主义者，感觉（S）+ 知觉（P）= 经验主义者，直觉（N）+ 情感（F）= 理想主义者，感觉（S）+ 判断（J）= 传统主义者。

3. 本游戏适合在高中生中进行。

### 活动过程

1. 非凡气质：要求学生就 MBTI 四种气质类型的特点进行交流，评判对方的气质，交流后在对方的"非凡气质卡"相应的气质类型区域中签名。

2. 心灵捕手：大家展示"非凡气质卡"，谁得到的签名最多，即被评为"心灵捕手"。请"心灵捕手"分享心得和感受。

3. 志同道合：具有同一气质类型的人围成一圈相互介绍与交流，探讨本组气质类型的优势和劣势，分享自己的梦想和成就事件等。推选出小组组长，通过小组讨论的方式，确定小组口号、标志等，在全 K 纸上绘制海报。

4. 我型我秀：各组展示自己的口号、图标、招牌动作等，并把海报张贴展示出来。

5. 强势出击：带领者发布任务（模拟情境），各组结合自己的特点，扬长避短，扬长补短，商讨解决方案，并以表演的方式展示出来，其他小组点评。

### 带领经验

本心理游戏为原创作品，属于生涯规划类主题。活动可以在陌生群体中进行，通过游戏体验让学生学会主动交往与沟通；也可以在同班学生中进行，以增强同学之间的进一步了解。通过典型成就事件的分享、模拟情境的解决，在进一步增强学生对自己的了解的同时，还能引导学生深入探讨不同气质类型的优势和不足，在行动中优化自己的性格。

在带领心理游戏时，请注意以下几点：

1. 这个活动能顺利开展的前提是，学生对 MBTI 的四种气质类型有一定的了解。

2. 各种气质类型的人数可能会有较大差异。如果某一种气质类型的人数特别多，可以继续分成多个小组。

3. "强势出击"中的模拟情境要能够展现各组的优势。

### 参与感悟

● 有些同学平时没什么交集，偶尔碰到一起，总感觉没什么话聊。通过这次活动，借助 MBTI 的四种气质类型，大家忽然找到了很多共同话题。在"志同道合"环节，我发现大家的沟通非常顺畅，非常有共鸣。我发现一个原来不怎么熟悉的同学不仅跟自己性格相似，还和我拥有同一个梦想，我们都立志要成为心理咨询师。感谢这个游戏，让我找到了战友！

● 虽然心理课上老师已经详细分析过 MBTI 的四种气质类型，但是因为停留在理论层面，上完课就淡忘了。以前大家喜欢谈论星座与性格，通过这个游戏活动，大家对 MBTI 的四种气质类型有了更加深刻的认识，学会了借助 MBTI 来了解自己、了解身边的人。聊星座的同学少了，谈 MBTI 气质类型的人多了。

### 专家评析

MBTI 理论认为一个人的个性可以从四个角度进行分析，用字母代表如下：驱动力的来源——外向（E），内向（I）；接收信息的方式——感觉（S），直觉（N）；决策的方式——思维（T），情感（F）；对待不确定性的态度——判断（J），知觉（P）。其中两两组合，可以组合成 16 种人格类型。每种人格类型均有相应的优点和缺点、适合的工作环境、适合的岗位特质等。MBTI 职业性格测评是国际上最为流行的职业人格评估工具，已经广泛地用于学生的七选三决策、高考志愿填报、学习风格指导等，对学生的人际关系、班级的团队建设也有相当大的指导作用。MBTI 分为 16 个类型，对于高中生来说，模型有点复杂。本心理游戏只探讨 4 种气质类型,比较方便学生理解。5个游戏环节层层递进,从认知、行为、能力多个维度提升了学生对MBTI气质类型的理解和应用。

## 游戏21 命运卡牌

**活动意图**

通过心理游戏"命运卡牌",让学生在选择和舍弃的过程中,深入地思考自己的价值观,明晰自己的目标及奋斗方向,并在未来的发展道路上更加清晰准确地把握自己。在引导学生探索、认识自己的价值观的同时,让他们学会理解、尊重他人不同的价值观。

**活动准备**

1. 本活动在室内、室外进行均可。

2. 准备好卡牌,每个学生一副。每副卡牌有14张,内容分别是"成就感、审美追求、挑战、健康、收入与财富、独立性、爱、家庭与人际关系、道德感、欢乐、权利、安全感、自我成长、社会交往"14个价值观。

3. 本游戏适合在高中生中进行。

**活动过程**

将全体成员进行分组,每组6~8人为宜。

1. 各取所需:"每人分得一副卡牌,但是只能留下其中最想要的5张。小组内分享选择的缘由。"

2. 经济危机:"发生了经济危机,每人要舍掉手中的两张卡片。你会舍掉什么,留下什么?为什么?"

3. 乾坤大挪移:"组内成员相互抽取、交换两张卡牌。你抽到了什么?被抽走了什么?当下的感受如何?"

4. 人品大爆发:"每人获得额外的两次机会,可以再从自己原来舍掉的牌里面抽两张卡牌。"

5. 以物易物：全体成员相互交流，并可以交换卡牌。不一定要一比一交换，可以依据自己心里的定价，比如以多张自己没有那么想要的卡牌换取别人手里自己心仪的一张卡牌，只要双方自愿达成协议即可。

6. 小组讨论：手里最终拥有的是哪些卡牌？有没有拿到自己最想要的卡牌？失去/换回/没有换回自己最想要的卡牌时是怎样的心情？命运被掌握在谁的手里？现实生活中，如何掌握自己的命运？

### 带领经验

本心理游戏为原创作品，属于人生价值观澄清主题，创作灵感来自经典的价值观团体辅导方案"价值拍卖"。都说"失去才知珍惜"，本活动希望让学生在体验"失去"与"不可控"的过程中，深入思考自己的价值观，了解价值追求过程中内因、外因、可控因素、不可控因素的不同作用，进而引导学生学会理性看待不可控的外因，坚定为实现自己的梦想、守护自己的价值观而努力的决心。

在带领心理游戏时，请注意以下几点：

1. 高中生对价值观的认识比较浅薄，需要提前向学生解释14个价值观的内在含义。

2. 带领者在引导学生探索、认识自己的价值观的同时，要引导他们学会理解、尊重他人不同的价值观。

3. 最后的讨论环节很重要，带领者要引导学生认识到个人努力的重要性，明白人生是靠自己创造的。

### 参与感悟

● 在整个游戏活动过程中，我的心情跌宕起伏。一开始我选择的是"成就感、挑战、自我成长、爱、独立性"，虽然因为不能同时拥有其他卡牌而有点遗憾，但是我整体感觉还是非常满足的。遭遇"经济危机"后，我放弃了"独立性、挑战"，感觉有点郁闷。在"乾坤大挪移"环节，当我最在乎的"成就感"被同学抽走之后，我的情绪真的有点"炸裂"，

"人品大爆发"也没有让我的心情恢复。我发现自己真的非常在乎"成就感"。因此，在"以物易物"环节，我下定决心要不计代价换回"成就感"。最终，我以三张卡牌为代价换回了同学手上的"成就感"，至此，我的情绪才慢慢平复。

●一直认为"价值观"是一个很虚的词语，但这个活动让我对价值观有了深入的思考。每个人在乎的东西不一样，为了自己在乎的东西，我们愿意付出的代价也不同，这是我们每个人价值观不同的体现。我们没有办法掌控一切，除了自己的努力。我们的命运有时候会受到外部环境的影响，但是我们可以选择为自己在乎的东西努力奋斗。我们可能无法拥有所有想要的东西，但是，了解自己的价值观，清楚自己最在乎什么，可以让我们更好地为自己的理想奋斗。

### 专家评析

价值观是人们奋斗的重要内驱力。在个体的生涯发展中，价值观往往起着决定性的作用，其影响甚至可能超过兴趣、能力和性格等因素。高中阶段是个体的价值观形成的关键时期，但是，迫于升学的压力，许多学生在埋头苦读的同时，忽略了职业价值观探索的重要任务，最后常常只能随波逐流。本游戏可以促使学生较为理性地认识自己的价值观，更加清楚自己的人生目标及奋斗方向，并在未来的人生道路上更加清晰准确地把握自己。

## 游戏22　生命的抉择

### 活动意图

在心理游戏"生命的抉择"中，创造一个虚拟的场景，让学生通过探索认识到每个人在团体中的作用，并通过思考感悟生命，体验生命的珍贵。

### 活动准备

1. 本活动适合在室内进行，环境布置尽可能阴暗一些，可以适当将空调温度调低。

2. 给每人准备一张 A4 白纸、一支黑色水笔、一个眼罩。

3. 本游戏适合在高中生中进行。

### 活动过程

1. 以 30 人的团队活动为例，将全体成员分为 6 个小组，每组 5 人，编号为 1~5。每组推荐一名成员担任组长，为组员领取纸和笔。组员围成小圆圈坐好。

2. 全体学生戴上眼罩，随着背景音乐，放松，进入冥想。想象大家进入一座雪山进行登山探险，组里的所有成员都是登山组的一员。在登山的过程中突遇暴风雪，所有人都被困在了山上。大家聚集在山洞里，忍受严寒。两天过后，暴风雪终于小了一点，但仍未停止，大家所待的山洞看起来也不太安全了，洞口也仅剩了一个可以通过一个人的小口子。在食物不足，有一位成员受伤的情况下，大家决定出去寻求帮助。到最近的救助站需要两个小时，但也不一定能寻求到救援。请大家摘下眼罩进行小组讨论，商量如何安排成员出洞，如何展开自救行动等。

3. 各个小组讨论完毕后，6 个小组依次派出组长发言，说明自己组的计划以及原因。

4. 所有组长发言完毕后回归小组，带领者引导大家回到雪山场景中。因为有了计划，大家准备开始行动了，但并不确定这次能不能获救，所以每个人在纸上写下自己的"遗言"并念给组员听。组员听从带领者的口令，根据组内设置，依次离开小组，走出教室。在教室外安排小助手告知"你现在安全了"，直至所有人离开。

### 带领经验

本心理游戏为原创作品，属于生命教育类主题。在活动中采用了情境模拟的方式，带领学生体验生命的抉择，思考生命的可贵。活动试图通过环节的设置，让学生突然陷入险境之中，因此带领者的能力和学生的投入程度都极大地影响着活动的效果。如果带领者不成熟或者团体的动力不够的话，不建议选取这个心理游戏。

在带领心理游戏时，请注意以下几点：

1. 要引导组员全情投入，只要有一个组员不配合，都会导致活动效果大打折扣。

2. 带领者在组织活动前要对成员的背景有所了解，如果游戏设计的危急情境正好是成员的创伤事件，则要回避。

3. 带领者的引导词非常关键。

4. 出洞计划没有优劣，不进行评价式的总结。

### 参与感悟

● 这个游戏的过程，我可以用毛骨悚然来概括。从带领者让我们戴上眼罩开始，我好像真的进入了雪山，又很不幸地受伤了。在大家发言之前，我不停地想："如果把我放在最后怎么办，我要怎么争取？可是争取是对的吗？我会不会拖累大家？"我脑子很乱。但其他组员一致认为我不能在最后，因为这样我就必"死"无疑了。我被安排在倒数第二个出洞，由我们组里大家公认最可靠的人陪我到最后。这样的安排让我觉得我受到了保护，有一种"生"的希望了，这种感觉真好。

● 在安排离开时，我们组里有人提出让我第一个走，因为我是男生，平时身强体壮，又聪明，最有希望救到大家。那一刻我感受到了信任。其实在很多事情面前都是这样，虽然我不是那么想要冲在前面，但是总觉得我应该这样做，这可能就是责任感吧。在写"遗书"这个环节，我没有想到会那么难受，那种遗憾、失落、对家人的想念一下子就涌了上来。走出教室的时候，那一瞬间的热浪让我好像一下子活了过来，活着真好！

### 专家评析

"生命的抉择"这个心理游戏旨在借助"故事体验"引导学生在想象

中思考责任、生死等一系列在生活中不轻易被提起的话题。其特色在于形式新颖，过程寓教于乐，有利于参与者心理素养的提升。学生基于自己的生活体验，在想象场景中去面临了一个在这个年纪不大会面临的抉择。通过思考死而向往生，是这个游戏能够带来的更好的结果。

## 互动交流篇

——心理游戏思考感悟

## 单元说明

在第二章中，我们介绍了很多适合小学生（包括家庭亲子）、初中生、高中生开展的心理游戏。虽然在心理游戏的设计中，设计者重点说明了如何带领及引导学生体验游戏活动，但教师还是提出了不少疑惑。提问主要集中在以下几个方面：

1. 什么样的心理游戏受学生喜欢？
2. 如何指导家长参与亲子游戏？
3. 在心理游戏设计中，设计者该如何确定游戏主题、选择活动场地、处理突发事件？
4. 在心理游戏实操中，带领者该如何定位自己的角色，在活动过程中需要注意哪些问题？

将这些提问和回答内容单独设立成一章，可以更有针对性地阐述心理游戏的设计意图与实操要点，在某种程度上，弥补前两章可能存在的表述不完整的弊端。考虑到篇幅的问题，我们在互动解答中，无法做到面面俱到，只能就读者的提问做最直接的回应。

# 一

# 关于如何设计心理游戏的问答

问题 1

有哪些心理游戏可以推荐给家长,由家长带领家庭成员开展亲子活动?

我们在设计心理游戏时,会按参与对象进行分类设计,有同学间在校园内开展的心理游戏,也有师生在课堂上进行的心理游戏,当然也包括孩子与父母在家庭中体验的心理游戏。由于参与对象的不同,活动的主题与形式也会有所不同。亲子心理游戏的主题涵盖多个方面,有合作类的,有竞争类的,有益智类的,有成长类的,等等。

针对亲子关系中孩子年龄的不同,心理游戏的主题也会不同。比如本书中的心理游戏"共建我们的家",就是适合在小学生与父母间进行的活动,因为在活动设计中,是孩子与父母用纸板箱一起搭建一个能体现大家心目中家的特色房子,然后一起装饰自己的家。本书中的心理游戏"理想中的家",是适合在小学高年段学生或者初中生与父母间进行的活动,因为活动意图是通过物品的制作和布置,帮助家庭成员探索心目中理想家庭的模样;通过良性沟通和交流,让成员发现家庭现有情况与理想状态的差距,并不断缩小差距,促使家庭氛围变得更好。

在亲子游戏中,低幼儿童的亲子游戏更多地体现了感性的合作互动,如"家庭自画像""玩转情绪脸谱"。高年段学生的亲子游戏更注重理性的思考与心灵的交流,如"提线双人舞""真心话 & 大冒险"。

问题 2

**心理游戏与一般游戏在主题设计和操作过程中有什么区别?**

游戏论之父豪伊金格说:"游戏是在明确规定的时间、空间里所进行的行为或者活动。它是按照自发接受的规则来进行的。游戏的目的就存在于游戏行为自身之中。它伴有的紧张和喜悦的感情与日常生活不同。"游戏可以帮助人类开发智力、锻炼思维和反应能力、训练技能、培养规则意识等,大型网络游戏还可以培养战略战术意识和团队精神。

游戏活动有以下特点:(1)是一种自由的活动;(2)是非日常性的活动;(3)是在特定的时间和空间里所进行的活动;(4)是伴有竞争的活动;(5)是有规则的活动;(6)是具有娱乐性的活动。所以,任何游戏都会给学生带来收获,只是游戏在主题设计、形式采用、场地安排上的不同,对学生产生了不一样的影响。

心理游戏是通过团体内的人际交互作用,促使学生在交往中通过观察、学习、体验,认识自我、探讨自我、接纳自我,调整和改善与他人的关系,学习新的态度和行为方式,以发展良好的生活适应性的助人过程。

心理游戏旨在让学生在参与体验后,以他人为镜,反省自己,从而更好地面对环境适应、成功激励、合作竞争、感恩责任、创新拓展等成长中的难题。我们可以在一般游戏中挖掘心理元素,在游戏主题、内涵和形式上加以拓展。比如本书中的心理游戏"动力气球",其创作灵感就来自一般游戏"画气球"。为了有效地帮助学生从心理上认识到学习的内在动力,在学习中更加积极主动,设计者设计了"动力气球"这一心理游戏,在学生画完气球并进行涂色后,让大家思考:"你手中什么颜色的气球比较多,这说明什么?""这些原因对你的学习有哪些积极和消极的影响?""你的学习动力与其他同学相比有什么不同?"活动旨在通过绘制气球,帮助学生探索自我的学习动机,从而更好地激发学生的学习兴趣;通过给气球涂色,帮助学生区分内在动机和外在动机,提高学生在学习中的自我决策力;通过感悟气球,让学生达到了解自己的学习动力,反思如何增强学习动力的目的。

问题 3

　　学生都非常喜欢玩电子游戏，那电子游戏与心理游戏有什么区别呢？它们对学生的成长有什么不同的意义？

　　电子游戏又称电玩游戏，是指所有依托电子设备平台而运行的交互游戏。电子游戏改变了人类进行游戏的行为方式和对游戏一词的定义，属于一种随科技发展而诞生的文化活动。电子游戏非常有魅力，对青少年有很强的吸引力。

　　综合分析，电子游戏对青少年有正向的影响，可以增强学生包括记忆、推理和感知在内的多种认知技能，帮助学生更好地分配注意力。例如玩射击游戏，可以提高学生的手眼协调能力。游戏中的关卡往往需要学生在几秒钟内做出明智的决定，这就培养了他们用敏锐的注意力来应对游戏中的意外变化等。电子游戏的负面影响也是显而易见的，学生如果沉迷于电子游戏，就可能出现暴力倾向、网络成瘾、学业不佳、人际关系疏离、身体素质下降等问题。所以，如何合理地引导和控制青少年投入在电子游戏上的时间与精力，是当下教育的一个重要课题。

　　心理游戏则结合一定的心理训练和辅导，对于提升学生的心理素质和综合能力具有特别重要的意义。心理游戏为学生提供一种良好的社会活动场所，创造一种信任的、温暖的、支持的团体气氛，使学生互相支持，集思广益，特别适用于人际关系适应不良的人。心理游戏的好处，在于让学生能够主动参与，在团体活动中有被尊重的表现，在合作中感受快乐与成就感。

　　所以，两类游戏对学生的成长都有作用，前者更多的是虚拟世界的体验，是声光电的刺激；而后者更多的是真实世界的活动体验，是团体动力下的群体情绪的激励。两类游戏在主题设计、参与形式和主观感受、实际收效等方面是完全不同的。

问题 4

　　游戏活动在促进学生心理成长方面确实有很显著的正向作用，那是否

**有促使学生认真读书、提高学习成绩的心理游戏?**

心理游戏的主题设计是非常丰富的,在学习指导类心理游戏中,有时间管理、记忆高手、资源共享、应考策略、思维发散、目标制订等各种细分类别。

本书中提供的心理游戏案例,如"测试你的记忆力",就是让学生通过一串长数字的记忆训练,达到快速、准确、持久的记忆效果,提高记忆水平,从而帮助孩子提高学习效率。又比如"专注力大比拼"游戏,就旨在训练学生的注意力和抗干扰能力。一个学生假如具备较强的专注力,那他的学习效率就高,学习成绩也一定能得到较好的提升。

我们作为教师,关注学生的学习是十分必要的,但过于功利地抓学生的学习成绩,常常会引起学生的反感。老师采用"盯人、盯学技术",会让小学生面对学习时感觉无趣,让初中生看待学习时感到无奈,让高中生应对学习时产生无望。所以,心理游戏的魅力就在于让学生在玩中学,在学中玩,在体验中思考,在思考中感悟,从而激发他们学习的积极性和内驱力。

### 问题5

**在心理游戏设计中,如何将活动主题与活动形式完美地匹配?**

心理游戏的特点是寓教于乐,体现教育无痕的境界。所以,心理游戏的设计,首先考虑的是活动主题的确定,这是最核心的部分,然后再考虑通过怎样的活动形式,让学生进入游戏体验情境中,完成活动主题预设的目标。当然,活动形式也是重要的部分。但总体来说,形式是为主题服务的,要在活动形式中,自然地嵌入主题思想,在活动设计上,让学生自然到达感悟和提升的深度。因此,在设计活动形式时不要故作深沉,也不要哗众取宠。

在确定了心理游戏的主题之后,设计形式时,具体需要考虑以下三点:

(1)形式与主题的匹配度。也就是说,通过这一活动形式,是否可以让学生感悟活动主题?比如在一个竞争激烈的心理游戏活动中,重点并不是让学生对价值观做深度思考。

（2）形式与年龄的适合度。同样一个游戏主题，参与学生的年龄不同，形式也应该有所不同。比如人际交往主题的活动，小学生活动的形式可以是"找找我的好朋友"，高中生活动的形式可以是"区分友情与爱情的差异"。

（3）形式与场地的相关度。同样一个游戏主题，开展的场地不同，形式也应该有所不同。在室内比较安静的情况下，形式上可以更多地安排思考、交流和感悟；在相对喧闹的户外环境中，形式上可以更好地体现合作、竞争和拓展。

问题6

**心理游戏活动除了要有有趣、好玩的形式之外，一定要富有深刻的内涵。如何引导学生在体验游戏后表达自己的感受，挖掘游戏的内涵，提升游戏的意义？**

心理游戏不是普通意义上的娱乐游戏，在设计过程中，不仅要考虑游戏的活动形式，还要考虑游戏的内涵功能。所以，如果想要学生在游戏活动过程中或游戏活动结束后，对游戏意图有所感悟，对游戏内涵有所反思，就需要注意以下几点：

（1）对心理游戏设计者来说，在设计游戏时要植入内涵主题，也就是让学生在参与活动后有感悟的空间。比如"情绪四宫格"活动，引导学生画出四宫格中的情绪只是活动的一部分，更重要的是，让学生根据四宫格中情绪的连续性，在感知情绪、宣泄情绪、调整情绪、体验新情绪的过程中，发现和感知自己的真实情绪，在带领者的引导下学会管理情绪，在调整的过程中获取积极力量。

（2）游戏的参与对象要有针对性，在感悟深度和高度上，要符合参与学生的年龄特征和认知水平。将小学生游戏用于初中生，学生会感觉游戏简单幼稚，缺乏吸引力；将高中生游戏用于初中生，学生会感到游戏过于理性而难以理解。所以，本书中每个游戏活动都有对适应群体的提示。

（3）在游戏活动过程中，带领者要针对学生的情绪反应做适时、适宜的启发、引导，带领学生进入预设的感悟主题，但也要抓住学生现场表现出来的"即兴火花"做及时的回应与分析，让学生在游戏活动中感到新鲜和惊喜的趣味。

问题7

如何根据不同年段学生的心理需求，设计符合学生年龄特征和认知水平的心理游戏？

心理游戏一定要根据参与对象的年龄特点、认知水平、体力状况进行设计，只有这样，才可能让参与者通过心理游戏活动，产生有效的心理感受和深刻的心理感悟。如小学生的思维特点是以形象思维为主，他们活泼好动，参与积极性高，所以，可以设计一些让学生集体参与的活动。对高中生来说，他们不仅有较好的形象思维，逻辑思维也在逐步增强，因此心理游戏的设计，不仅要满足他们感性体验的需求，还要增加理性思考的环节，让他们在体验过程中开启思考，获得人生意义的启迪。所以，小学生心理游戏以快乐参与为主，高中生心理游戏以参与和感悟为主。那初中生的心理游戏的设计，大约就介于小学生与高中生两者之间。

在本书的心理游戏"送给自己的话"中，带领者是通过让学生感受别人的墓志铭，引导他们认识到生命的重要性；并通过让学生把对生命的思考写在自制书签上展示出来，引导他们更进一步从心理层面上思考生命的价值和意义的。这个心理游戏适合初中生。心理游戏"生命倒计时"，是让学生通过生命倒计时——"假如生命只剩最后一小时"的体验，把心中的困惑、苦恼和真挚的感情吐露出来，感悟生命的珍贵，从更高的角度来体验生命。这个心理游戏显然不适合初中生，而在高中生中进行更为合适。

"生命"是一个严肃的话题，不论哪个年段的学生参与，都需要带领者有很好的把控能力，除了要让学生感受生命的厚重，更要让学生心中充满对生命价值的追求。

问题8

在心理游戏设计过程中，常常会用不同的音乐来渲染环境或阐释主题。在选择背景音乐时，应该注意哪些问题？

在心理游戏中，音乐的使用是必不可少的，因为音乐可以营造活动的气氛，渲染积极情绪，提升感悟的力量。那具体如何选择合适的音乐呢？

第一，在不同主题活动中选择不同的音乐。比如在欢快的亲子游戏中，可以选择轻松而欢快的音乐渲染氛围；在合作竞争主题的游戏中，可以选择节奏感强的音乐鼓动士气；在价值观澄清主题和人生思考主题的游戏中，可以选择节奏缓慢、具有空灵感的音乐，让参与者在安静平和的氛围中进入回想与思考。

第二，要根据学生的不同年段选择音乐。音乐可以带来情绪的起伏与深入，而小学生与高中生的情绪感染点是不同的，过于深沉的旋律会让小学生感到压抑；过于轻快活泼的音乐，在高中生眼里就显得幼稚。

第三，在选择音乐时要注意有无歌词的区别。带有歌词演唱的歌曲，常常会有较强的主题带入感，比如《我和我的祖国》《没有共产党就没有新中国》等一类的歌曲，可以瞬间把人带入爱国、爱党的情感之中。但像班得瑞的《寂静的山林》《仙境》等一类没有歌词的乐曲，则可以营造一种宁静的氛围，让人进入联想的境地。

最后，在精心选择好音乐之后，还要考虑音乐播放效果，也就是要保证现场环境的安静和播放设备的完好。

问题9

**在心理游戏设计中，一定会遇到选择活动场地的问题。怎样的场地是合适的？选择场地要注意哪些问题？**

带领者在进行心理游戏活动设计时，需要考虑多方面的因素：活动目的、活动主题、活动准备、活动过程、活动点评、活动感悟等。对活动场地的考虑属于活动准备中的一个环节。

下面具体说说在选择活动场地时应注意的几个方面：

第一，活动场地需要根据活动内容而定，比如在"雷区取水"活动中，要把大型塑料充气球绑扎在3米长绳上，进行360°转动，制造具有杀伤力的"雷区"，小组成员依次穿越"雷区"取出矿泉水瓶。这样的活动当然以室外场地为宜，但如果室内有充足的空间，如体育馆，也是可以的。

第二，活动场地需要根据人数而定。假如在室内进行，一定要保证有足够大的空间，让参与活动的学生感到不拥挤和不压抑。假如安排在室外进行，一定要让活动在可控范围内，也不能受环境干扰而影响效果。

第三，不论是室内还是户外场地，保证学生的活动安全是最重要的考虑因素。在室内也要保证光线明亮、空气流通、温度适宜等。

所以，对心理游戏设计者和带领者来说，在活动准备环节，一定要安排好适宜、安全、有效的活动场所，这是保证心理游戏活动顺利进行的重要而不可忽视的因素。

# 二

# 关于如何操作心理游戏的问答

问题 1

在竞争类的心理游戏中，学生们都想得第一。既然是竞争比赛，结果一定会有赢和输。但学生输了，心里很难过，带领者该如何处理学生的情绪？

在竞争游戏中，出现输赢的结果是必然的。一方因获胜而喜悦，一方因失败而沮丧，这种情况是非常正常的。关键是带领者如何评价输赢带来的失败与成功，让学生们在参与的过程中，感受在竞争中合作、在合作中竞争，获得双赢的结果。

对待竞争类的心理游戏，在设计过程中，带领者不仅要让学生们感受竞争的残酷，学会积极应对挑战，运用智慧的策略、勇敢的信念、团队的力量争取竞争的成功，而且要让学生们学会面对困境与弱势时保持忍耐，采取迂回策略，懂得勇往直前是信念，适度退让是智取。

带领者要注意把握成功与失败的评价标准。心理游戏并不以简单的输赢为结果，而是看重在游戏过程中感悟获胜与失败的原因。在获得暂时成功时，能够看到自己的不足与潜在危险；在遭遇暂时失败时，能够看到自己的潜力与获胜的机会。

在心理游戏设计中，竞争类游戏常常会安排多局比赛，而不是以一局结果定输赢。在第一局中成功或失败了，有时可能带有偶然性，这时给予小组成员集体讨论的机会，学生们就可以发现获取成功的好方法。第二局比赛时，学生们会带着思考后的探索参与竞争，结果可能就出现了反转。如果时间允许，可以再安排一次讨论和比赛。此时，学生们就会客观理性地看待比赛结果。带领者引导学生们进行成功与失败的集体交流，能够营造"赢得自信，输得服气"的良好氛围。

问题2

学生们非常喜欢到室外去活动，比如操场和公园，但带领者从保证学生们安全的角度出发，将游戏安排在教室内进行，学生们感觉失望而显得很没劲怎么办？

心理游戏活动场地的安排，是根据游戏主题和形式的需要来决定的，可以设定在室内也可以设定在户外进行。带领者既要考虑游戏活动的安全性，又要考虑游戏活动形式与内容的匹配性。带领者不要以安全的名义，让学生们"戴着镣铐跳舞"而无法感受游戏活动的真实场景感。

有些游戏需要安静的环境，比如冥想体验，那就以安排在室内进行为宜。在排除干扰的安静环境中，通过带领者的引导，学生们慢慢地进入充满意境的画面，感觉自己的存在，感觉与他人的关联。假如在室外进行冥想体验，则应选择海边、树林、草地等宁静的环境，保证整个过程不被其他的人或声音打扰。

有些游戏需要开阔的场地，比如"盲过石墩桥"游戏，要求在平坦的草坪上，画两条相隔5米左右的长实线作为溪流的两岸，即石墩桥的起点与终点，显然只有户外场地才能满足这个要求。

所以，心理游戏场地的选择除了与游戏操作的安全性有关，还需与游戏内容相匹配。不论在室内还是在户外进行游戏活动，带领者都一定要有优秀的控场能力，保证学生们能够根据自己的要求，有序开展活动。失控的场面，一定会引发诸多意外。

问题3

在家庭亲子游戏操作中，家长作为带领者要注意什么？

心理游戏的内容和形式是非常丰富的，具体来说，确实有些心理游戏适合在学校学生间进行，但也有很多心理游戏完全适合在家庭的亲子间进行。首先，家长有意愿接受并尝试开展亲子心理游戏，这一点非常好。其

次,在家庭亲子心理游戏操作中,有以下三点提请家长关注:

第一,明确家长在心理游戏中的角色。在亲子心理游戏中,家长与孩子的关系,可以是合作的,也可以是竞争的,家长可以是带领者也可以是参与者。家长要放下权威的身份,与孩子共体验、共收获,拒绝说教式的、权威性的功利性操作。

第二,选择适合孩子年龄特点的活动。亲子心理游戏的种类非常多,在选择游戏时,要注意与孩子的年龄特点匹配,不要幼稚化,也不要成人化。要在趣味性的基础上,增加思考与提升的元素。

第三,把握游戏背后隐藏的教育功能。亲子心理游戏中有很多具有传统意义的经典游戏,比如运动类的家庭运动会、登山、划船等,棋类的飞行棋、象棋、围棋、国际象棋、五子棋、军旗、跳棋等,艺术类的共同画画、一起唱歌、群体舞蹈等。家长要关注孩子在活动中的感受,启发孩子结合平时的学习、生活、交友说出自己的感悟。家长如能够抓住游戏背后的教育功能,帮助孩子做进一步的引导与提升,那将是非常棒的行动。

## 问题 4

**同学们听说要玩心理游戏都很兴奋,在游戏过程中也很开心,但当带领者让大家思考游戏给自己带来怎样的感悟时,很多学生说不出来。怎样才能让心理游戏真正对学生有启发?**

心理游戏对学生来说,一定会是激动人心或是刻骨铭心的体验。在心理游戏过程中,学生主动参与,认真体验,可以获得很多积极的情绪感受,这正是心理游戏广受学生喜爱的原因。但心理游戏与一般游戏是有差别的,我们追求的不仅仅是学生参与时的热热闹闹,更是带给他们的一些思考与感悟。

根据活动场地、参与对象、主题内容、表现形式,可以设计出很多有趣、有益的心理游戏,比如体能拓展游戏、家庭亲子游戏、健脑益智游戏、弄堂传统游戏、电子竞技游戏,等等。在一般游戏参与中,学生们可以有多种多样的收获。心理游戏在形式上与一般游戏有共同之处,但心理游戏一定是更注重参与者的心理体验的,如沙盘游戏、绘画投射、情景表演、催眠体验等，在活动体验之后，带领者需要引导学生们思考过程、分享感受。

学生们能够积极参与游戏固然很好，但心理游戏的最终目的，除了是让学生拥有快乐体验之外，还是带给他们思考感悟。游戏带领者要针对心理游戏的活动意图，引导学生在参与过程中，逐步进入思考的层面，从表象到内涵，循序渐进地感知和感悟。在带领者良好的启发下，学生们自然也就有了表达自己想法的意愿。针对学生们的发言，带领者再进行深入的引导，也会让学生们得到更多的感悟。

问题5

**心理游戏是否必须要由专业人士带领？假如班主任带领，那他们该承担怎样的角色？**

关于心理游戏该由谁来带领，对这一问题思考的结果是：在学校开展学生心理游戏活动，带领者一般由专业心理教练、心理教师或班主任担任，但在家庭进行的亲子心理游戏中，主要由家长来担任带领者。不管在学校还是在家庭开展心理游戏活动，带领者最好能够受过专业培训，能够明确游戏意图，掌握活动过程，在活动之后做有效的点评。因为心理游戏有别于一般的体育游戏和娱乐游戏，带领学生按要求完成游戏步骤，只是达成了活动的部分目标，更重要的目标在于组织学生在游戏中思考，在游戏后感悟，在心理层面得到提升。

在开展班级心理游戏时，班主任应该是集游戏的设计者、活动的指导者、安全的保障者、分享的倾听者、感悟的引导者等多种角色于一身的。在心理游戏活动中，班主任要为学生提供主动参与活动的平台、积极分享感悟的机会，对学生的表现多接纳、多欣赏、多鼓励。最后再来说说，在带领游戏活动时，班主任的角色定位应注意什么。

（1）明确班主任的角色不是权威者，而是孩子的良师益友。

（2）在活动过程中，班主任要收放适度，尊重学生的选择，既要放手让学生体验和探索，给予学生充分的自由度，又要保证环境安全，避免学生受到意外伤害。

（3）班主任在开展心理游戏活动前要做好备课工作，保证班级游戏能够安全、有序、顺利进行；同时要在游戏内涵的激发中给学生正向的引导，避免班级心理游戏缺乏深度。

问题6

**带领者在组织学生开展心理游戏活动时，如何对待表现沉默的学生或不积极参与活动的学生？**

在心理游戏的带领过程中，带领者常常会遇到学生的不同情绪状态。有的学生兴奋激动，有的学生矜持内敛，有的学生消极沉默，也有的学生漠视游离。针对学生出现的不同情绪表现，带领者不要着急，需冷静地思考一下，究竟是什么原因造成了学生的情绪差异。可能是游戏内容不符合学生的兴趣需求，可能是带领者的带领风格没有赢得学生的信任，可能是学生的性格差异导致回应不同，也可能还会有其他原因。

带领者要仔细观察一下：学生在活动过程中，情绪是积极的还是消极的，是主动的还是被动的，是配合的还是对立的？在了解了学生产生情绪的原因之后，我们再来反思：如何改进心理游戏的内容和形式？如何调动每个参与者的积极性？如何尊重学生的选择与表达？在此要重点关注沉默者和被动者，假如他是因胆小、自卑而沉默，带领者就要创造机会让他尽情表达和展示；假如他是因对立阻抗而不积极投入，带领者就应在尊重学生个性的基础上，倾听他的建议，让他有自尊地参与活动，并从活动体验中获得被接纳、被尊重、被认可的感受。

带领者也要记住心理游戏的活动原则：学生可以自愿选择参加或不参加，可以自主表达观点，可以在平等的氛围中自由表现，所以，在心理游戏活动中，学生有权力选择沉默和被动。当然，一个优秀的带领者，可以在轻松、自然的氛围中，让每个学生都积极地投入其中并有所收获。

问题7

**在参与户外的心理游戏活动时，学生的兴奋度比较高，但专注度常常会下降。如何让学生们能够收放自如，既能活泼参与，又能安静思考？**

心理游戏的诉求就是让学生释放天性，自由参与，对学生来说，户外更符合他们对活动空间的想法，所以，能够在户外进行的心理游戏，我们一般尽可能安排在户外进行。但在户外组织学生进行心理游戏活动时，应该注意以下几点：

第一，检查场地的适合性，如空间大小、安全因素，避免活动受干扰或影响他人正常学习和工作。在活动进行前对户外场地进行勘察与评估，减少意外事件的发生概率。

第二，带领者要有足够的控场能力，保证学生能够在自己的引导下专心投入活动，能听清楚自己传达的每一个指令。面对全体学生，可以收放自如地调节他们的情绪，让学生在兴奋活动之余，能够及时安静下来，进入思考感悟之中。在活动体验时需要有足够大的活动空间；在交流分享时，又需要有安静的、便于学生聚拢的空间，因此，带领者也可以将前半场活动体验与后半场思考感悟分设在两个相对独立的不同环境中进行。

第三，带领者要有很好的预见性和灵活性，避免不利于活动开展的因素出现，且一旦出现了意外情况，也能够及时控制和处理。比如在心理游戏活动中，一旦出现学生受伤的突发事件，带领者一方面需要冷静地对受伤学生进行及时救治，另一方面要淡定地控制全体学生的情绪，保证他们的安全。

问题8

在心理游戏活动过程中，有些学生可能会异常兴奋地走入误区，使用不尊重他人的言语，甚至有恶作剧式的行为发生。遇到这样的情况，带领者该怎么处理？

在心理游戏活动过程中，每个学生的兴趣反应点是不同的，有些学生没有理解或遵循带领者的活动意图，而进入感觉偏差的误区。比如在某心理游戏中，需要学生们手拉手完成一个任务，必然会出现异性同学间手拉手的情况。活动本意是让学生们通过合作实现竞争或团队的风采展示，但对青春期的学生来说，可能会产生敏感、羞涩的反应，可能会有人起哄，捉弄他人而发生恶作剧。带领者遇到类似的情况，需要做两方面的工作。第一，事前预防。也就是在游戏活动开始前，做好充分的铺垫，让学生们认真地、大方地投入活动，避免有学生借此为敏感点而挑事。第二，万一有学生起哄捣乱，故意恶作剧，带领者要伸张正义，利用群体的积极意识，让捣乱者自感无趣，同时控制学生们的情绪，保证活动继续正常进行；事后要对捣乱者进行启发式引导教育，让他们感到自己行为的不妥或错误，从而在活动中获得成长；对受伤害的学生要进行适度的心理抚慰，让他们从委屈、被羞辱的情绪中走出来，学会积极面对现实，有尊严、有自信地表现自己。当然，如果问题严重，也需要让起哄捣乱的学生向受伤害的学生赔礼道歉。这对双方学生来说都是一次成长的经历。

问题 9

**在心理游戏活动操作过程中，需要有游戏带领者来组织活动，以保证活动顺利进行。那对游戏带领者来说，他的角色意义与功能是什么？**

在整个心理游戏活动中，带领者担任着重要的角色，我们可以称其为核心人物。一个优秀的带领者扮演了以下四方面的角色：

（1）心理游戏活动的设计者。虽然心理游戏可能选自参考资料，但在实际操作时，带领者必须通过自己的思考对它进行修改，使它符合当下参与者的心理需要。

（2）心理游戏活动的引导者。带领者的带领，能让学生们很好地进入游戏预设的情境中，完成游戏的体验步骤，引导学生们在体验之后进入分享与感悟环节。

（3）心理游戏活动的保障者。带领者要根据游戏程序，在保证安全的前提下，让每个学生有充分体验的自由，也让学生们能够有序地表达自己的诉求。如发现活动中出现异常情况，要及时做出调整的决定，保障游戏活动有序、安全进行。

（4）心理游戏活动的倾听者。在活动中，带领者要认真听取学生们的感言，在学生表达积极感受时及时鼓励，在肯定的基础上给予引导性提升；在学生表达负向感受时及时回应，在理解的基础上做出指导性纠偏。此外，还需要敏感地关注沉默者和游离者的情绪，让所有参与者在良好的集体氛围中完成游戏活动。

# 后 记

《中小学心理游戏设计与实操》一书正式出版，与广大读者见面了，这对我和工作室的成员们来说，是一件非常开心的事，因为它展示了团队成员们的成长足迹，也让我在撰写团体心理游戏系列图书的路上，又迈开了一步。

2021年初，受长江文艺出版社的邀约，确定了撰写此书的计划。以往我写书时，总会带领一位"徒弟"合作完成。但这一次，我的写作团队有一点庞大，因为我带领的是10名"名师工作室"成员。

关于"名师工作室"，在此做一点说明。为了加强心理健康教育队伍建设，培养一批专家型、研究型的心理健康教育名师，台州市确立了首家心理健康名师工作室。我有幸被邀请担任领衔主持人。我从全市择优遴选了10位青年心理健康教育老师作为核心成员。"名师工作室"成员均拥有心理学专业本科及以上学历，持有国家三级及以上心理咨询师证，具有扎实的理论基础以及丰富的心理健康教育经历。在带领过程中，我希望她们将自己丰富的工作经验呈现给广大读者。所以，她们就成了本书的合著成员。

经过作者团队多次的研讨，我们确定了写作框架：第一章（基础理论篇——心理游戏设计原理），从心理游戏的理论支撑、应用梳理、设计要点三个方面进行诠释；第二章（活动体验篇——心理游戏实操案例），提供适合在小学生、初中生、高中生中展开的62个原创心理游戏，在每一篇游戏设计中，非常详细地展示活动意图、活动准备、活动过程、带领经验、参与感悟、专家评析六个环节；第三章（互动交流篇——心理游戏思考感悟），通过对心理游戏设计中的9个提问和对心理游戏操作中的9个提问的解答，让读者对心理游戏设计与实操中的关键性问题有有效把握。所以，这是一本非常贴近读者需求的指导用书。

写作团队成员在整本书的撰写过程中，有明确的分工：第一章由应晓菲独立撰写完成；第二章由工作室全体成员合作完成，她们分别是毛庆江、郭徐芯、应晓菲、叶玲珠、赵成斌、朱颖、林钰景、伍嘉妮、李敏君、陈胜男；第三章的互动答疑、整书框架设计及统稿任务由我把关完成。

本书在撰写过程中，受到了多方人士的关心与支持，在此我要表达衷心的感谢。

首先，要感谢编辑李婉莹，是她的努力工作，让本书如期出版，与读者如愿见面。其次，要感谢全国著名心理专家、我的老朋友钟志农老师的鼎力支持，他在百忙中欣然接受我的邀约为本书作序。要感谢工作室的成员们，她们在繁忙的工作中挤出时间，保质保量地完成写作任务，特别是三位准妈妈更是辛苦不已，写作过程成为她们最好的胎教，在此让我对她们家人的理解与支持表示感谢。

我们非常期待得到广大读者的阅读反馈，希望大家给我们提出宝贵意见，让我们有所成长，更好地发展。

杨敏毅

2021 年 8 月　于上海颐景园